AF619238

एक सफ़र

जिसने बदल दी जिंदगी

एक सफ़र
जिसने बदल दी जिंदगी

भूपेन्द्र कुमार 'भूपी'

Notion Press

Old No. 38, New No. 6
McNichols Road, Chetpet
Chennai - 600 031

First Published by Notion Press 2017

ISBN 978-1-948096-35-5

विषय–सूची

लेखकीय

यदि कभी जिंदगी में अपने को भंवर में फंसा पाओ तो उससे डरने की बजाय अंतिम सांस तक बचने का प्रयास करते रहो, अगर तुम्हें मौत भी नसीब हुई तो भी समझना तुम्हारा अगला जन्म बेहतर होगा क्योंकि उसकी पूर्व परीक्षा तुम दे चुके होगे। यकीन मानिये इस सफर के बाद ही इस तरह की सोच कई बार मेरे अन्दर पनपी जिसने मेरी बीमार जिंदगी को फिर से जीवित किया। बीमारी के कारण मुझे करियर के साथ जिंदगी का सफर भी समाप्त होता दिखाई देने लगा था लेकिन इस सफर ने नीरस हो रही मेरी जिंदगी में रंग भरने का काम किया और जिंदगी को एक नयी सोच व नजरिये से जीने की शक्ति दी। जिसे आज आपके साथ बांटने का अवसर मुझे मिल रहा है।

लेखन या तकनीकी तौर पर मैंने जिस भी शैली में इसे लिखने की जो एक छोटी सी कोशिश की है उसका उद्देश्य यह भी है कि मैं पाठकों को महसूस करा सकूं कि किसी एक साधारण से सफर में जो चीजें आप देखते हैं, सीखते हैं वो आपकी जिंदगी में एक चमत्कारिक बदलाव ला सकती हैं। ऐसा सचमुच होता है। कभी–कभी जिंदगी के एक छोटे सफर में हम कई खूबसूरत, रोमांचक, सनसनीखेज, आश्चर्यजनक घटनाओं, अनुभवों से बहुत कुछ प्राप्त कर सकते हैं। जिंदगी एक खूबसूरत हकीकत और सपना दोनों ही है। सपने देखना अच्छी बात है। ये आपको जिंदा रखते हैं। क्योंकि जो सपने देखता है, वह जीता है और जो जीता है, वह जीतता भी है।

हिन्दी पत्रकारिता में कार्य करते और आगे बढ़ते पांच साल हो चुके थे लेकिन तभी बीमारी ने अपनी चपेट में ले लिया। स्वास्थ्य लगातार गिरता गया और एक वक्त ऐसा भी आया जब कुछ कदम पैदल चलना भी मुमकिन न था। निराशा मुझे और अंधेरे में ले जाती इससे पहले ही सौभाग्य से कुछ शुभचिंतकों ने संभाल लिया और इसके बाद राजस्थान के सफर ने मेरी जिंदगी को सकारात्मक रूप से बदल दिया। मैंने इस सफर का न सिर्फ भरपूर आनंद लिया बल्कि इस दौरान फिर से जीने की हिम्मत जुटाई। सीख तो गया था

कि जिंदगी जीने के लिए बनी है। कम से कम कोई अब मुझे मिस्टर गंभीर तो नहीं कहता। आशा करता हूं कि ठीक मेरी तरह आप भी इस सफर का आनंद लेंगे और दोस्तों को भी इसके लिए प्रेरित करेंगे।

और कुछ पंक्तियों–

'कितनी बार गिरा हूं,

कितनी बार उठा हूं,

कितनी बार चला हूं,

कितनी बार गिर कर,

कितनी बार उठ कर,

कितनी बार चल कर

आखिर आज एक मंजिल तक पहुंचा हूं।'

के साथ इस सफर में साथ आने के लिए आप सभी का आभार व्यक्त करता हूं। धन्यवाद।

–भूपेन्द्र कुमार 'भूपी'

जिंदगी के सफर के महत्वपूर्ण साथी...

धन्यवाद पिता श्री हरीचंद व मां श्रीमति निर्मल जिनका आशीर्वाद हमेशा मिलता रहा है। बहन ज्योति व किरन जिनका नैतिक समर्थन एक शक्ति की तरह है। पत्नी मूर्ति जिसके विश्वास से मुझे और हिम्मत मिली। भांजा इशांत जिसे जिंदगी का कखग सिखाने की एक महत्वपूर्ण जिम्मेदारी बड़े विश्वास के साथ मुझे भी सौंपी गई है। ससुर जी श्री चिरंजी लाल और सासु मां श्रीमति रोशनी जिनका आशीर्वाद और विश्वास भी मुझे आगे बढ़ने के लिए प्रेरित कर रहा है। जिंदगी के सफर में जब कहीं पर आप टूटने लगते हैं या किसी कारण बिखरने लगते हैं तो आपको सबसे पहले सहारा देने, बिखरने से बचाने का काम आपका परिवार करता है।

बिना अच्छे दोस्तों के भी मंजिलें नहीं मिलती। श्री परम प्रकाश खरे जो एक अच्छे दोस्त और मार्गदर्शक हैं। तबस्सुम जो एक नेक दोस्त की तरह दुआएं करती रही है। डाक्टर सुनीता जी जिन्होंने मुझे डाक्टर राहुल से मिलाया जो शायद मेरी बीमारी को अच्छे से समझने वाले अंतिम डाक्टर थे। विजय जी जो इस सफर में एक अनुभवी साथी थे। आभारी हूं विल्सन जी का जिन्होंने हिन्दी के प्रोफेसर श्री सईद रहमुतुल्लाह से मिलवाया और आपने मुझे और अच्छा लिखने के लिए प्रेरित किया।

मेरे दोस्त जो जिंदगी के अब तक के सफर में मेरे शुभचिंतक रहे। इस यादगार सफर के दौरान मिले लोगों का शुक्रिया। और इस पुस्तक को पढ़ने वाले सभी पाठक मित्रों को हार्दिक धन्यवाद। 'धन्यवाद' नोशन प्रेस टीम।

यकीन मानिये एक समय मुझे मेरी लगभग खत्म सी लगने वाली जिंदगी को इस सफर ने पूरी तरह बदल दिया था और फिर से लिखने की ताकत मिल रही थी। इसके बाद मैंने थोड़ी बहुत शायरी भी की है जिसमें 'जिंदगी' और 'मोहब्बत' को करीब पाया और प्रेरित हुआ। कुछ पंक्तियां इस तरह हैं।

पंख छोटे हैं गर मेरे तो क्या

कौन कहता है मैं हिमालय तक जा सकता नहीं

उम्मीद, जोश और जुनून बड़े रखता हूं

मैं यूं ही शिकस्त खा सकता नहीं

हर शहर कुछ कहता है। और जिंदगी भी!

अभी तक राजस्थान में मैं अजनबी था। राजस्थान में इससे पहले मैंने कभी एक पल भी नहीं गुजारा था। इस प्रदेश के बारे में थोड़ा बहुत किताबों, खबरों या फिल्मों आदि में पढ़ा, सुना और देखा था। मैं सिर्फ जानता था कि उदयपुर एक प्रसिद्ध पर्यटन स्थल है। जयपुर पिंक सिटी के नाम से मशहूर है। राजस्थान में रेत और रेगिस्तान हैं। बस यही तो पहचान थी मेरी राजस्थान के बारे।

कभी नहीं सोचा था कि मुझे राजस्थान के नगर–नगर घूमने का मौका मिलेगा और वह भी कई दिनों तक। मैंने पहली बार अपने शहर से बाहर राजस्थान में पूरे 27 दिन गुजारे। और इस दौरान राजस्थान के शहरों में घूमने का मुझे जो अवसर मिला वह मेरे जीवन में हमेशा के लिए एक यादगार सफ़र बन गया।

एक ऐसा सफ़र जिसमें जिंदगी और इसे जीने का नजरिया बदलने की ताकत थी। सफ़र दर सफ़र मैं कुछ नया अनुभव करता गया और कुछ नया सीखता गया। इस यात्रा ने मेरे अन्दर एक नयी उर्जा का संचार किया जबकि इस सफ़र से ठीक पहले मैं जिंदगी के एक बेहद कठिन दौर से गुजर चुका था। एक ऐसा शख्स जिसमें कुछ समय पहले तक आधा किलोमीटर पैदल चलने की ताकत नहीं थी वो मीलों की यात्रा करने निकला था।

एक ऐसा युवा जिसने अपने बुरे वक्त को अपनी किस्मत मान लिया था। इस सफ़र ने सचमुच मेरी जिंदगी और इसे जीने के मेरे नजरिये को काफी बदल दिया था। ऐसा किसी भी व्यक्ति के साथ हो सकता है। जिंदगी आश्चर्यजनक घटनाओं से गुजरती ही रहती है।

रास्ते खूबसूरत हों तो सफ़र मजेदार बन जाता है।
ऐसे में मंजिलों की फिक्र नहीं रहती।

यहां आकर मैं जान सका कि राजस्थान में खूबसूरती कितने ही रूपों में बिखरी पड़ी है। ऐसी खूबसूरती जो मन मोह लेती है। यह प्रदेश सुन्दर है और इसका सौंदर्य अनूठा है। अनूठा सौंदर्य शब्द का प्रयोग इसलिए कर रहा हूं क्योंकि इस प्रदेश के अनेक चेहरे हैं और इनकी अपनी अलग–अलग खूबसूरती है। रूप हैं, रंग हैं।

यहां पत्थर हैं। कंटीले पेड़ हैं। किले हैं। झीलें हैं। पठार हैं। महल हैं। हवेलियां हैं। रेत है। सबसे प्रमुख यहां की गौरवशाली संस्कृति है। वैभवशाली, गौरवशाली अतीत है। सभी में सुन्दरता नजर आएगी तब, जब आप इन्हें करीब आकर देखेंगे। मैं इस खूबसूरत रास्ते पर चलता रहा और मुझे सफ़र में आनन्द आता रहा, इस बात से बेपरवाह कि मुझे यहां से क्या हासिल होने वाला है? यही बेपरवाही इस सफ़र को एक शानदार सफ़र में बदलने वाली थी।

पानी में उतर कर ही तालाब की गहराई मालूम होती है।

यहां आकर ही इस प्रदेश से मेरा असली परिचय हुआ और मैंने इसके विभिन्न रूप–रंग को करीब से देखा। भारत के वैभवशाली अतीत को मैंने यहां देखा और महसूस किया। भारतीय वास्तुकला की अनेक तस्वीरें मैंने पहली बार यहां ही देखीं।

यहां आकर ही तो मैं जान पाया कि इस प्रदेश में ऐसी कितनी ही चीजें हैं जो गर्व करने का कारण बनती हैं। मैं यहां आये बिना राजस्थान को इतना करीब से जान नहीं पाता और मुझे यह कभी मालूम नहीं होता कि राजस्थानी संस्कृति की जड़ें कितनी गहरी हैं। यहां की प्राकृतिक सुंदरता, जीवन शैली मन मोह लेते हैं।

किसी सफ़र में जिन्दगी के कई फलसफे सीखने को मिलते हैं।

भले ही उदयपुर, जयपुर आदि शहरों को प्रमुख पर्यटन स्थलों के रूप में प्रचारित किया जाता रहा हो लेकिन इसके बावजूद राजस्थान प्रदेश की

छवि लोगों के दिल–दिमाग में अलग–अलग है। कुछ नकारात्मक भी। मैं फिर कहूंगा कि इस प्रदेश से सच्ची भेंट यहां नगर–नगर घूम कर ही हो सकती है। राजस्थान को जानने पहचानने के लिए एक पर्यटक नहीं बल्कि, मैं तो कहूंगा कि एक घुमक्कड़ बनना होगा।

एक शहर से दूसरे शहर का यह सफ़र मुझमें उत्साह पैदा करता जा रहा था। मेरे जीवन को बदलता जा रहा था। किसी सफ़र की अच्छी बात यह होती है कि इसमें जिंदगी के कई फलसफे सीखने को मिल सकते हैं और यह पूरी तरह आप पर निर्भर है कि आप कितना प्राप्त कर पाते हैं। सच मानिये ऐसा होता है।

लोग कहते हैं न कि जिंदगी भी एक सफ़र है। राजस्थान की यह यात्रा भी मुझे उसी सफ़र से जोड़ रही थी। कभी भी कोई पल कोई सीख दे सकता है। कभी भी कोई घटना कोई सबक सीखा सकती है। ऐसा सचमुच होता है।

किसी किताब के पन्नों पर अक्षरों के रूप में छपे ज्ञान की तरह किसी सफ़र के दौरान रास्तों में सीखने की कई चमत्कारिक संभावनाएं मौजूद रहती हैं। और जिंदगी के कई ऐसे सवाल जिनके जवाब जानने के लिए हम बेचैन रहते हैं या इधर उधर भटकते हैं, वे भी मिल जाया करते हैं। दुनिया में शायद ही कोई ऐसा शख्स होगा जिसके मन में कभी कोई परेशान करने वाले सवाल न उठते हों? इन सवालों के जवाब मिलने तक मन बेहद अशांत रहता है। सच मानिये मन की शांति के लिये ऐसे सवालों के जवाब मिलना बहुत जरूरी होता है।

कभी–कभी कुछ अनुभव आपकी जिंदगी बदल देने की क्षमता रखते हैं।

इस किताब के माध्यम से पाठकों को मैं सिर्फ राजस्थान के नगर–नगर फैली सुन्दरता का ही करीब से अनुभव कराना नहीं चाहता हूं बल्कि जिन्दगी भी एक सदाबहार सफ़र है और इस सफ़र के दौरान मैंने जो अनुभव प्राप्त किए हैं उन्हें भी बांटना चाहता हूं। मेरी सोच जो दिन ब दिन नाकामयाबी की

ओर जा रही थी सफ़र के दौरान उसे मैं कामयाब बना पाया। मेरी कामयाबी अगर मुझ तक ही सीमित रह गई तो यह मेरी एक बड़ी नाकामयाबी होगी।

मीलों तक घूमने का यह मेरे जीवन का पहला मौका था। क्या पता था कि चार दिशाओं में ऐसे घूमना रूक सी चुकी मेरी जिंदगी की दिशा बदलने में मददगार साबित होगा। एक ऐसी जिंदगी जो आधा मील चलने में ही दम तोड़ देती थी। मैं ऐसी दयनीय दशा से गुजर चुका था। बीमारी के कारण करियर के साथ जिंदगी का सफ़र भी समाप्त होता दिखाई देने लगा था। महत्वाकांक्षाएं निराशा के सागर में डूबती जा रही थी। निराशा मुझे और अंधेरे में ले जा रही थी लेकिन सौभाग्य से कुछ शुभचिंतकों ने हिचकोले खाती मेरी जिंदगी की कश्ती को डूबने से बचा लिया और इसके बाद इस सफ़र ने नीरस हो रही मेरी जिंदगी में रंग भरने का काम किया।

मैं पढ़ने वालों को यह भी अनुभव कराना चाहता हूं कि यहां जो पत्थर हैं कितने मजबूत हैं लेकिन उनका स्वभाव कितना शांत और नम्र है। किले हैं, कितने हष्ट–पुष्ट बलवान हैं। राजशाही अतीत के गवाह महल और हवेलियां हैं।

खूबसूरत जवान रेत है जिसका यौवन मीलों तक धरती पर बिखरा हुआ है। इस जवान सुन्दर रेत के असली प्रेमी ऊंट हैं। आधुनिक लबादा ओढ़े शहर हैं तो परंपरागत जीवन शैली अपनाए गांव भी हैं। शहर में चमकदार सड़कें भी हैं तो थोड़ी दूर वीरान पठार और सूखे मैदान भी। हर शहर कुछ कहता है।

जीवन में कुछ घटनाएं आपके फायदे के लिए होती हैं।

जीवन में किसी भी घटना से मत घबराओ उसका पूरी ताकत से सामना करो। यह भी एक सबक था मेरे लिए। अचानक राजस्थान की एक लंबी यात्रा मेरी जीवन की एक बड़ी घटना ही थी, जो बाद में सुखद घटना साबित हुई। यह मेरी जिंदगी में कुछ अचानक होने जा रहा था। जैसे कोई अवसर मुझे आवाज दे रहा था।

शायद मैंने अपनी लाइफ को बेहद सीमित कर रखा था लेकिन इस सफ़र के बाद मैंने अपने को एक सीमा से बाहर फेंक दिया था और अब मैं वो भी

करने में घबराता नहीं जिनसे कभी दूर भागता था। सफ़र के दौरान मैं इस तथ्य से बिल्कुल अंजान था कि इस यात्रा में मुझे कोई जादुई शक्ति मिलने वाली है।

जैसे किसी तालाब के शांत, रूके जल में कोई पत्थर फेंकने पर उसके आसपास कई लहरें बनने लगती हैं वैसे ही वक्त के साथ घटित होती घटनाएं रूक चुकी जिंदगी में हलचल पैदा कर देती हैं। यह कभी भी हो सकता है। यह मेरे साथ हुआ था।

मैंने भी जान लिया था कि जिंदगी कभी एक सी नहीं रहती। आज नीरस है तो वह ऐसी हमेशा नहीं रहेगी, कभी न कभी बहार जरूर आएगी। काले बादल छाये हैं तो छटेंगे भी जरूर। आसमान को साफ होना ही होगा। जिंदगी के उस कोरे आसमान पर फिर आप जो चाहे लिख सकेंगे। कुछ भी और जिसे बाद में दुनिया भी देखेगी, मानेगी। ऐसा दुनिया में लाखों लोगों ने किया ही होगा।

~

सकारात्मक सोच के साथ बढ़े कदम

समाचार पत्र जगत में कुछ वर्ष गुजारने के बाद बुक पब्लिशिंग इंडस्ट्री में शुरूआत किए दो ही दिन हुए थे। ज्वाइनिंग के तीसरे दिन ही मुझे बताया गया कि अगले सप्ताह बिजनेस टूर के लिए राजस्थान जाना है और वह भी एक माह के लिए। इसकी तो मैंने कभी कल्पना ही नहीं की थी। मैं थोड़ा घबरा रहा था। एक तो बीमारी ने मुझे कमजोर कर दिया था और फिर दिल्ली की गलियां छोड़कर मैं कभी भी इतने दिन बाहर नहीं रहा, कैसा करूंगा सब, मन में आशंकाएं, डर था। एक ऐसा डर जो किसी को छोटे से छोटा काम भी करने से रोकता है। बस मुझे इस डर को भगाने की एक छोटी सी कोशिश करनी थी ताकि कोई बड़ा काम भी आसानी से कर सकूं।

**जीवन में कई बार बहुत कुछ अनपेक्षित हो जाता है।
यह कभी भी हो सकता है।**

मुझे बिल्कुल अंदाजा नहीं था कि इतनी जल्दी और वह भी लंबे समय के लिए मुझे राजस्थान जाना पड़ सकता है। इस बाबत मैंने घर वालों को बता दिया था। मगर जब यह बात मैंने अपने मित्रों और सहयोगियों को बताई तो उनकी अजीब प्रतिक्रियाओं से मेरे मन और दिमाग में सवाल उठने लगे थे। ये वो लोग थे जिन्होंने शायद ही कभी राजस्थान के दर्शन किये थे। मैं नहीं जान सका कि मेरे सहयोगी मुझे क्यों डरा रहे थे।

एक तो यह मेरे जीवन का पहला व्यावसायिक टूर था, दूसरे इससे पहले मैं कभी राजस्थान नहीं गया था। राजस्थान के शहरों के प्रति मैं बिल्कुल अंजान था। एक तो जिस बारे कभी सोचा ही नहीं था वो मेरे साथ हो रहा था, दूसरे मित्रों की प्रतिक्रियाओं के बाद मन में राजस्थान के प्रति एक नकारात्मक तस्वीर बन रही थी।

जब आप कहीं फंस जाते हैं या अपने आपको कहीं फंसा पाते हैं तो या तो आप सरेंडर करते हैं या फिर उस वक्त मिल रही चुनौतियों का सामना करते हैं। दो दिन दुविधापूर्ण स्थिति में रहने के बाद मैंने मन को पक्का कर लिया था। दिल और दिमाग इस नयी चुनौती के लिए पूर्णतयाः तैयार थे।

पॉजिटिव सोच आपके सपनों को साकार कर सकती है।

मैं भी अच्छा सोचने लगा तो सब कुछ सकारात्मक चलने लगा मन में। अगर मैं ऐसा नहीं कर पाता तो यकीन मानिए मैं सचमुच उन खूबसूरत अनुभवों से वंचित रह जाता जिन्हें शायद सपनों में ही देखा जा सकता है। वास्तव में नेगेटिव सोचने से मुझे कुछ हासिल होने वाला भी नहीं था। असल जिंदगी में भी तो ऐसा ही होता है।

हालांकि यह भी सच है कि सिर्फ पॉजिटिव सोचने भर से ही दुनिया आपकी मुट्ठी में नहीं आ जाती, लेकिन कम से कम ऐसी सोच दिमाग में एक लौ तो जलाये रखती है, उसे बुझने नहीं देती और क्या पता यही लौ फैलकर आपकी जिंदगी के साथ–साथ पूरी दुनिया को भी रोशन कर सकती है।

आखिर वह दिन आया जब मुझे राजस्थान के लिए रवाना होना था। तैयारी सुबह घर पर ही कर ली थी। मां और पिता जी से आशीर्वाद लिया और चल दिया एक नये अनुभव को पाने के लिए।

रात को निजामुद्दीन स्टेशन से ट्रेन पकड़नी थी। मेरे एक वरिष्ठ सहयोगी मेरे साथ थे। हम एक घंटा पहले ही स्टेशन पहुंच गए। स्टेशन पर ही डिनर किया। मार्च का पहला सप्ताह और शाम को गुलाबी ठंड थी। हमारा पहला पड़ाव कोटा शहर था। रात 9.55 को गाड़ी छूटनी थी लेकिन गाड़ी 45 मिनट देर से चली।

दिल्ली से कोटा का सफ़र रात में ही तय होना था अतः ट्रेन की खिड़की से बाहर के खूबसूरत एवं बदसूरत नजारों को देखना असंभव था। घड़ी देखी और चादर तान सो गए।

अगले दिन तड़के ट्रेन कोटा जंक्शन पहुंची। मैंने अपने बैग को पीठ पर लादा और उतर लिए। राजस्थान की धरती पर यह मेरा पहला कदम था। एक शहर मेरा स्वागत करने के लिए मानो तैयार था।

बाहर निकलते हुए मैं इस अनजान शहर के ऊपर फैले आसमान को निहारता रहा। दाएं–बाएं आगे–पीछे घूरते हुए चलता रहा। शहर में बिल्कुल अजनबी था। स्टेशन से थोड़ी दूर तक हम सामान लादे पैदल चले। हम होटल की खोज में थे। नजदीक ही एक टी स्टाल तक आए और एक कप गर्मागर्म चाय पी। चाय स्वादिष्ट थी। उम्मीद से बेहतर। तबीयत खुश हो गई। स्टेशन रोड पर खूब चहल–पहल थी। मगर दिल्ली के रेलवे स्टेशन के आसपास के नजारों से बेहतर थी।

सामने ही सड़क पर लगे बड़े से होर्डिंग पर नजर गई। लिखा था–औद्योगिक एवं शैक्षणिक नगरी में आपका हार्दिक स्वागत है। आटो रिक्शा वाले लोगों को शोर मचाकर बुला रहे थे। जो दिल्ली शहर या यूं कहें भारत के कई शहरों में आम है।

इस शहर में आने से पहले मेरे दिमाग में राजस्थानी जीवन शैली, पहनावे, बोली आदि की तस्वीर बन चुकी थी लेकिन फिलहाल वह तस्वीर नजर नहीं आ रही थी। वह तस्वीर जो इस प्रदेश के बारे मेरे दिल दिमाग पर छायी हुई थी। कुछेक अपवाद जरूर नजर आए। हालांकि इसके बाद मुझे समझाया गया कि कोटा शहर में पूरे राजस्थान का रूप–रंग नहीं देखा जा सकता। एक क्षण में अन्य शहरों के बारे में सोचने लगा। मुझे तो राज्य के कई और शहरों में भी जाना था।

जल्दी ही होटल की हमारी तलाश समाप्त हुई। स्टेशन रोड पर ही एक अच्छा कमरा मिल गया। राजस्थानी संस्कृति से अभी मेरा बेहद संक्षिप्त परिचय हुआ था। राजस्थान में अभी क्या कुछ देखना बाकी था इसकी कल्पना मैं नहीं कर सकता था।

घर पर मैंने अपने सलामत पहुंचने की सूचना दे दी। परिवार वाले मेरे लिए चिंतित लगते थे। पिताजी ने भी कुछ समझाया। रिश्तों की जीवन में कितनी अहमियत होती है। मैं परिवार को मिस कर रहा था। लेकिन वो काम भी खत्म करना था जिसके लिए मैं यहां आया था और फिर इस शहर और राजस्थान प्रदेश को भी तो वास्तव में देखना, समझना अभी बाकी था।

अगले दिन हमें कोटा के एक तकनीकी कालेज में किताब की प्रोमोशन के लिए जाना था। सुबह–सुबह स्नान के बाद हम जाने के लिए तैयार हो गए। नाश्ता होटल से बाहर किया। स्टेशन रोड के आसपास का इलाका काफी साफ–सुथरा था और बाजार में अच्छी चहल–पहल रहती है।

स्टेशन रोड के पास ही माला रोड पर एक मशहूर नमकीन की दुकान पर पहुंच हमने नाश्ते में ब्रेड और पोहा खाया। पोहा बेहद स्वादिष्ट था जिसे मैंने पहली बार खाया था। राई वाली मिर्च, नमकीन, प्याज और नींबू डालकर चाट की तरह बनाया लजीज पोहा नाश्ता। मजा आ गया।

देख कर जान पड़ता था कि नाश्ते में पोहा यहां लोकप्रिय है। प्याज वाली कचौड़ी भी मैंने यहीं पहली बार खाई। किसी सफ़र की यह भी तो एक खास बात है कि जबान से लेकर दिमाग तक नये–नये अनुभवों से गुजरते रहते हैं। राजस्थान खान–पान की एक छोटी सी झलक देख चुका था।

किसी भी अन्य देसी शहर की तरह यहां भी आटो रिक्शा वाले सवारियों को जोर–जोर से आवाजें निकाल बुला रहे थे। हमें एरोड्राम जाना था। यह जगह एक मशहूर प्वाइंट है। हम आटो में सवार हुए और चल दिए। धीरे–धीरे सवारियां लदी जा रही थी। फि भी सब कुछ ठीक–ठीक था।

मैं पूरे सफ़र में शहर को निहारता रहा। ठीक–ठाक चौड़ी एवं साफ–सुथरी सड़कें काफी अच्छा व आधुनिक शहर जान पड़ता है। लेकिन मैं अभी भी शहर को समझ नहीं पा रहा था। यहां की बोली, पहनावा, जीवन शैली बहुत ज्यादा अलग नहीं लग रहे थे। यह शहर राजस्थान के पत्थरों के शहरों में से एक है। झील, महल, हवेली व रेत के शहर मेरा इंतजार कर रहे थे।

कुछ देर बाद हम एरोड्राम और यहां से नयागांव स्थिल कालेज पहुंच गए। कालेज शहर से दूर था। राजस्थान तकनीकी विश्वविद्यालय (आरटीयू) यहीं स्थित है। यहां आसपास मैंने सूखे, जले से, कंटीले पेड़–पौधे देखे। मुझे बताया गया कि यह प्राकृतिक है। राजस्थान में ज्यादा गर्मी का असर वाली बात मुझे डरा रही थी।

आपके अन्दर का डर आपको कई खूबसूरत चीजों से वंचित कर सकता है।

डर को मात देने की हिम्मत करनी चाहिए। मुझमें यह हिम्मत आने लगी थी। अगली सुबह मैंने पहली बार राजस्थान के किसी गांव को देखा, वह भी इतने करीब से, और साथ ऐसे कुछ दृश्य भी दिखाई दिए जिन्हें मैंने इससे पहले

कहीं भी नहीं देखा था। जिस कालेज में हम आए, वह गांव तुलसी के पास स्थित है। तुलसी गांव जिला बूंदी में आता है जो कोटा से बेहद करीब है। कालेज सड़क से करीब ढाई–तीन किलोमीटर अन्दर है। हम पैदल ही चल दिए। हमारे पास और कोई विकल्प नहीं था। यहां तक हम जीप पर सवारी कर पहुंचे थे।

रास्ते में मैंने गांव को बेहद करीब से देखा। गांव को पार करते ही मुझे सूखी खाली जमीन दिखाई थी। मैंने उसे दूर तक निहारा। उस पर छोटे–छोटे कंटीले सूखे झाड़ उगे हुए थे। यह देखना बिल्कुल नया अनुभव था नया एवं अजीब दृश्य।

मैं कुछ ठहरा और अपने से सवाल करने लगा कि क्या मैं सचमुच राजस्थान प्रदेश में ही खड़ा हूं। मैंने पंजाब, हरियाणा और यूपी में कई गांवों और मैदानों को देखा था लेकिन यहां के नजारे काफी अलग थे। मैंने तेज चमकते सूरज को निहारा लेकिन उसकी तेज रोशनी ने मुझे आंख पर हाथ रखने पर मजबूर कर दिया। मैं फिर इधर–उधर दूर तक उस खाली जमीन को देखता चलता रहा। अब कुछ–कुछ राजस्थान में होने का अहसास होने लगा था।

मार्च का महीना था। गर्मी अभी ज्यादा नहीं थी लेकिन यहां गर्मी कैसी पड़ती होगी, मन दुविधा में भी था कि आने वाले दिनों में अन्य शहरों में कैसी बीतेगी?

जिन्दगी में कभी–कभी कुछ ऐसा हो जाता है जिसकी आपने कभी कल्पना भी नहीं की होती।

कई बार आप अपेक्षा से कहीं अधिक प्राप्त कर लेते हैं और सोच से परे बहुत कुछ खो भी देते हैं। राजस्थान और उसके रूप रंगों से मेरी भेंट भी ऐसे ही हुई है। राजस्थान की चारों दिशाओं में इतना समय घूमने की कल्पना मैंने कभी नहीं की थी। इस सफ़र से मुझे क्या कुछ हासिल होने जा रहा था इस बारे में ज्यादा नहीं सोच पा रहा था।

कालेज से वापस लौटते हुए फिर से चंबल नदी के दर्शन हुए। कोटा शहर चंबल नदी के पूर्वी तट पर बसा हुआ है। यह नदी अन्य कई नदियों की तरह चौड़ी नहीं है। नदी में पानी ठीक मात्रा में था, कम से कम दिल्ली की

यमुना की तरह सूखी या मैली तो नहीं दिख रही थी। चंबल नदी के नाम से ही शहर में चंबल गार्डन बना हुआ है। यह बगीचा नदी के किनारे ही बसा हुआ है। यहां के प्राकृतिक नजारे खूबसूरत हैं इसलिए यह लोगों का मनपसंद पर्यटन स्थल भी है।

पूरे दिन कार्य करने के बाद कोटा शहर को निहारते हुए हम वापस होटल पहुंच गए। सूरज ढलने के बाद मौसम सुहावना हो गया था। अच्छा मौसम आपके मूड को मस्त कर देता है। शाम को टहलने और एक कप चाप की खातिर हम बाहर घूमने निकल आए।

बाजार दुकानों में रौनक पसरी हुई थी। चहल–पहल थी। कोटा राजस्थान के आधुनिक शहरों में से एक है। यहां के उद्योगों ने इसे आधुनिक शक्ल तो दी ही है साथ ही इसे आबादी वाला शहर भी बनाया है। काफी देर टहलने के बाद वापस आ गया। देर रात तक आईपीएल मैचों का आनंद लेता रहा। क्रिकेट पूरे भारत में लोकप्रिय है। यहां भी सीधे प्रसारण पर लोग टीवी से चिपके रहते हैं और गपशप करते हैं।

किसी शहर में आप तब तक अजनबी हैं जब तक आप इसके मिजाज को भांप नहीं लेते।

कुछेक दिन में ही मैं इस शहर को समझ चुका था। लोगों के साथ घुल मिल गया था। मैं अब अलग और अपने को अजनबी महसूस नहीं कर रहा था। इस दुनिया में आप तब तक एक अंजान शख्स हैं जब तक अपनी योग्यता से यह साबित नहीं कर देते कि कुछ अलग कुछ अच्छा करने की आपके पास भरपूर क्षमता है।

कोटा शहर राजस्थान के दक्षिण–पूर्वी हिस्से में स्थित है। यहां से मध्य प्रदेश सबसे करीब है। शैक्षणिक एवं औद्योगिकीकरण के चलते शहर की एक अलग पहचान है। यहां की संस्कृति एवं खानपान मिश्रित है। भाषा भी मिली–जुली है। एक आधुनिक शहर है।

भूखे पेट ना भजन गोपाला। बिल्कुल सच है। भूखे पेट न तो धर्म निभाया जा सकता है और न ही कोई कर्म किया जा सकता है। रोज की तरह नाश्ते में पोहा खाया। साथ में जलेबी और प्याज वाली कचौड़ी ने

नाश्ते का मजा दोगुना कर दिया। गर्म प्याली चाय से मूड मस्त कर टैम्पों में सवार हो गए।

इन टैम्पों में सवारी का आनन्द तब तक बना रहता है जब तक सवारियों की संख्या सीमित है। जगह–जगह टैम्पो, आटो रोक कर चालक, कंडेक्टर द्वारा सवारियां बुलाने का ट्रेंड यहां भी प्रचलित हैं। खैर खट्टे–मीठे अनुभवों से गुजरते हुए हम राजस्थान टेक्निकल यूनिवर्सिटी पहुंच गए। आरटीयू रावतभाटा रोड पर स्थित है।

रावतभाटा का नाम आते ही परमाणु बिजली प्लांट की याद आ गई है। रावतभाटा वही जगह है जहां 1971 में राजस्थान आटोमिक पावर स्टेशन की स्थापना हुई थी। यहां पर बड़ी संख्या में रिएक्टर्स स्थित हैं। इसी वजह से राजस्थान कई राज्यों के लिए बड़ी मात्रा में बिजली पैदा करने वाला राज्य है।

भारत की कुल परमाणु ऊर्जा में राजस्थान का योगदान करीब 20 फीसदी है। रावतभाटा में जब प्लांट की स्थापनी हुई थी उस समय यह गांव हुआ करता था। एक दूर–दराज इलाका, लेकिन बिजली प्लांट ने इस छोटे से क्षेत्र को न केवल पहचान दी बल्कि धीरे–धीरे इस इलाके की कायापलट होती गई।

आर.टी.यू. में काफी समय बिताने के बात हम वापस होटल की ओर चल दिए। इतना प्रसिद्ध एजुकेशनल एरिया होने के बावजूद हमें यहां आने–जाने में थोड़ी दिक्कत हुई। खैर समझने में देर लगी कि किसी बड़े शहर की तरह यहां तुरन्त कोई बस, आटो नहीं मिल सकता। इसमें भी एक अच्छी बात यह हुई कि मुझे वापसी में एक ऐसे टैम्पो गाड़ी में सवारी का मौका मिला जो दिल्ली जैसे शहर में एक जमाने में दौड़ते थे। टैम्पो को 'गणेश' कहा जाता था। अब इस गाड़ी को कई शहरों से हटा लिया गया है।

यह वैसे हमारे देश में ही देखने को मिल सकता है। यहां नई व आधुनिक चीजों का इस्तेमाल धड़ल्ले से हो रहा है तो पुरानी चीजों का प्रयोग भी जारी है। राजस्थान भी इससे अलग नहीं है।

सोच एवं नजरिया ही स्वाभाविक रूप से चीजों को बदल देता है।

किसी सोच व नजरिये में परिस्थिति या चीजों को बदल देने की ताकत होती है लेकिन फिर भी कुछ चीजों को बदलना आसान नहीं होता। आधुनिक व क्रांतिकारी सोच में यह ताकत होती है मगर इसमें पुरानी पहचान खोने का डर होता है।

राजस्थान में मुझे एक और खासियत यह दिखती है कि यहां आधुनिकता और परंपरा में अनूठा सामंजस्य है। भविष्य की गारंटी नहीं है लेकिन यह अभी तो कायम है। इसलिए यह शहर भी कई रूप लिए हुए है।

मैं शहर के कई चेहरों से रूबरू होता हुआ वापस लौट आया। मुझे इस शहर में पूरे पांच दिन हो गए थे और इस दौरान मेरे मन–मस्तिष्क में राजस्थान के प्रति बनी अधूरी एवं धुंधली तस्वीर धीरे–धीरे साफ होने लगी थी।

मुझे मालूम होने लगा कि राजस्थान में सिर्फ रेगिस्तान और सूखे मैदान नहीं हैं बल्कि यहां कोटा, उदयपुर, जोधपुर, जयपुर जैसे आधुनिक व बड़े शहर भी बसते हैं।

जैसे अधिसंख्य लोग रेगिस्तान या रेत से ही सर्वप्रथम राजस्थान की पहचान करते हैं। जबकि यह सही नहीं है। मेरा एक उद्देश्य ऐसे लोगों की राजस्थान से सही पहचान कराना भी है। राजस्थान बेहद रंगीला है। यहां कई रंगीले शहर बसते हैं। खूबसूरत शहर।

कोटा शहर में छठा व अंतिम दिन था। दिन शुभ था। नवरात्र का प्रथम दिन। मेरा व्रत भी। सुबह की शुरूआत राम मंदिर में दर्शन कर की। पहले श्रीराम और फिर मां दुर्गा की सामूहिक आरती करते हुए कुछ क्षण भक्ति रस में डूबे। बेहद अच्छा लगा।

किसी मंदिर में स्वयं भी थाल लेकर सामूहिक आरती करने का अवसर मेरे जीवन में पहला था। किसी सफ़र की यही तो सबसे अच्छी बात होती है। ऐसे अनुभव तो सफ़र को कभी नीरस नहीं होने देते।

अगले दिन हमें झालावाड़ रोड स्थित रानपुर जाना था। यह एक औद्योगिक एवं शैक्षणिक जगह है। यह जगह शहर से दूर है। यहां हम आटो से पहुंचे। शुष्क मैदानों के बीच से होते हुए हम कैंपस पहुंच गए। यहां कई इंजीनियरिंग एवं मैनेजमेंट कालेज हैं। चिलचिलाती धूप में ही हमने कैंपस को कवर किया।

अगर खुशी और पूरे जोश से रास्तों पर चला जाए तो हर माहौल में मंजिलें सुखद दिखती हैं।

मुझे राजस्थान आने की खुशी थी और मैं काम के दौरान सम्पूर्ण राजस्थान यात्रा का पूर्ण आनन्द लेना चाहता था। शायद इसलिए मुझे यहां के वातावरण में एक बार भी परेशानी नहीं हुई।

कोटा राजस्थान का एक आधुनिक प्रमुख औद्योगिक शहर है और कई बड़े शिक्षण संस्थानों की उपस्थिति ने इसे एजुकेशनल सिटी भी बना दिया है। इंजीनियरिंग परीक्षा की तैयारी के लिए कोटा शहर प्रसिद्ध है। यहां कई मशहूर कोचिंग सेंटर हैं जहां पढ़ाई के लिये देशभर से छात्र आते हैं। इस शहर में थोड़ा घूमते ही इस बात का एहसास हो जाता है।

कोटा शहर दिल्ली–मुम्बई रेल लाइन से सटा हुआ है इसलिए भी यहां पहुंचना आसान है और शायद इस कारण भी इस सिटी में आकर पढ़ाई करना छात्रों को भाता हो।

शहर का इतिहास काफी पुराना है। हाडा के मुखिया राव देवा ने प्रदेश पर जीत प्राप्त कर बूंदी एवं हाड़ौती राज्य की स्थापना की थी। इसके बाद 17वीं सदी के अंत में मुगल शासक जहांगीर के शासन के दौरान बूंदी के राजा राव रतन सिंह ने अपने पुत्र माधो सिंह को कोटा का एक छोटा भाग दे दिया था। तब से यह राजपूती शौर्य व संस्कृति का प्रतीक बन गया।

इस शहर को अलविदा कहने का समय आ गया था। अगली सुबह भीलवाड़ा के लिए रवाना होना था, इसलिए सभी तैयारी रात में कर ली थी।

नया शहर नये अनुभव

दिन की शुरूआत सुबह पांच बजे से हुई। होटल से निकले और बाहर एक छोटी सी दुकान पर गर्म–गर्म चाय पी। सूरज निकलने से पहले ही हम नयापुरा बस स्टैंड पहुंच गए। 7 बजे बस छूटने का समय था। हमें भीलवाड़ा जाना था।

बस चली, अच्छे अनुभवों, यादों को समेटे इस शहर को अलविदा कहा। करीब 45 मिनट बाद हम बूंदी बस स्टैंड पहुंच गए। जो यहां से करीब 36 किलोमीटर दूरी पर है। बूंदी एक छोटा लेकिन आकर्षक शहर है। यहां अद्‌भुत नजारे देखने लायक थे। पठारों, छोटे पहाड़ों के नीचे बसा एक शहर। छोटा सा सुन्दर शहर बूंदी अरावली पहाड़ियों से घिरा हुआ है। विशेष यह है कि यह नगर चार मुख्य द्वारों के साथ विशाल दीवारों में सीमित है। यह समृद्ध ऐतिहासिक नगर चौहान वंश के वंशज हाडा चौहानों द्वारा शासित हाड़ौती राज्य की राजधानी रह चुका है।

कोटा जैसे आधुनिक मैदानी शहर से थोड़ी सी दूरी पर बूंदी के नजारे मुझे रोमांचित कर रहे थे। मुझे यात्रा में मजा आ रहा था। मैं नगर, यहां के लोगों, यहां संस्कृति को देख रहा था। मेरी आंखें ये जब स्पर्श कर रही थी।

भीलवाड़ा सीमा तक के सफ़र में पठारों के दर्शन हुए। चारों तरफ लाल पत्थरों व उस पर कंटीले सूखे पौधों वाले पठार दिखाई दिए। दूर–दूर तक सूखी जगह और पठार। रास्ते में कई गांवों से होते हुए मैंने ग्रामीण राजस्थान के विभिन्न रूपों को देखा। वाकई मेरे लिए यह सब देखना सुखद था। राजस्थान के इस ग्रामीण रंग को देख अच्छा लग रहा था। इतने करीब से मैंने कभी भी ऐसे नजारे नहीं देखे थे। मुझे मजा आ रहा था।

यहां एक अनुभव का जिक्र अवश्य करना चाहूंगा। यहां के हाईवे पर गाड़ियों का दौड़ना। दूरदराज दुर्गम इलाकों से निकल जब बस अचानक टू–लेन हाईवे पर आई तो सफ़र का रोमांच बढ़ गया। यह केन्द्र सरकार की चतुर्भुज हाइवे परियोजना का एक रूप था। यह मार्ग प्रदेश को गुजरात, मुंबई से जोड़ता है।

हाईवे के दोनों ओर दूर–दूर फैला सन्नाटा और कभी–कभी सड़क से बेहद तेज रफ्तार से गुजरते वाहन। कभी कुछ पलों के लिए हाईवे पर खामोशी छा जाती तो कभी अचानक किसी वाहन की तेज रफ्तार की आवाज कान के पर्दे हिला देती।

रास्तों में ऐसा रोमांच मिलना अच्छा लगता है। रफ्तार के दीवानों के लिए तो ये माकूल जगह हो सकती है। जिंदगी में भी जब रोमांच से भरे पल आते हैं तो मजा आता है। नीरस जिंदगी कैसे मजेदार हो सकती है? रोमांच के बाद रोमांस आपको खुशी दे सकता है। सफ़र रूमानी हो तो और मजा आता है। मगर मैं तो रोमांस से कोसों दूर था।

दोपहर को हम भीलवाड़ा पहुंच गए। बस स्टैंड से आटो कर हम पास ही इंदिरा मार्किट पहुंचे जहां होटल का कमरा बुक किया। इतनी लंबी यात्रा के बाद भी हमने अपने आप को कमरे में कैद नहीं किया। थोड़ी देर होटल में ठहरने के बाद हम काम के लिए निकल गए।

थकने की बजाय लगातार काम करने का उत्साह कायम था। जबकि कुछ समय पहले तक मैं बीमारी से जूझता एक ऐसा युवक था जिसे आधा किलोमीटर पैदल चलने में कठिनाई होती थी। जैसे तैरना न जानने वाले किसी व्यक्ति को समुद्र में फेंक दिया गया हो और उसने उसमें डूबने की बजाय स्वयं तैरना सीखा व अपने को बचाया। बस मैंने भी जैसे विश्वास पुनः प्राप्त कर लिया था।

कोटा के बाद राजस्थान का यह दूसरा शहर था जिसे मैं देख पा रहा था। कुछ ही घंटों में यहां के बाजार, सड़कों, लोगों, ट्रांसपोर्ट सिस्टम आदि से मेरा परिचय हो गया।

भीलवाड़ा से सबसे नजदीकी शहर अजमेर और चित्तौडगढ़ है। भीलवाड़ा एक व्यापारिक नगरी है। टैक्सटाइल, कपड़ों के कारोबार का एक प्रसिद्ध शहर। यह देश का एक प्रमुख टैक्सटाइल केन्द्र है। थोड़ी देर घूमने पर ही मालूम हो जाता है कि यह एक इंडस्ट्रियल सिटी है।

इसका नाम भीलवाड़ा कैसे पडा़ उसकी कोई प्रमुख जानकारी नहीं है। कहा जाता है कि यह इस नाम से इसलिए मशहूर हुआ क्योंकि किसी जमाने में यहां भील जाति के लोग बड़ी संख्या में रहते थे। हालांकि कालांतर में ये लोग दूसरे प्रदेशों में जाकर बस गए। अब इनकी संख्या काफी कम है।

वैसे भीलवाड़ा शहर की पहचान किसी खास जाति, संस्कृति के लोगों से नहीं है जैसा कि इसके नाम से लगता है। चूंकि यह एक व्यापारिक नगर है इसलिए यहां चारों तरफ से लोग आकर बसे हुए हैं। अब यह कोटा–बूंदी (हाड़ौती) से अलग मेवाड़ संस्कृति का हिस्सा है। चित्तौड़गढ़, उदयपुर और राजसमंद जिले भी मेवाड़ प्रदेश हैं।

अगले दिन हम यहां काम नहीं कर सके। चेटीचण्ड महोत्सव के कारण पूरे शहर में छुट्टी थी। चेटीचंड महोत्सव सिंधी समाज के लिए विशेष त्यौहार है। मुझे यहां इस महोत्सव की धूम देखने को मिली। बड़ी संख्या में सिंधी समाज के लोगों को शोभा यात्रा का आनन्द लेते देखा।

किसी समुदाय के लोगों का महोत्सव के सागर में इस कदर डूबना मुझमें उत्साह का संचार कर रहा था। मैंने देखा कि त्यौहार, महोत्सवों की हमारी जिंदगी में भूमिका कितनी महत्वपूर्ण होती है। कुछ पलों के लिए ही सही ये हमारी जिंदगी खुशियों से भर देते हैं। और दूसरों को भी खुश होने का कारण बनते हैं।

जिज्ञासा हमेशा ज्ञान को बढ़ाती है।

इस शहर को और अधिक जानने की जिज्ञासा मुझे होटल के कमरे में बैठने नहीं देती थी। छुट्टी के दिन का मैंने पूरा लुत्फ उठाया। मैं आसपास के बाजारों में घूमा। लोगों से मिला, उनसे बातचीत की। स्टेशन के पास स्थित मस्जिद और इसके पीछे स्थित मुस्लिम दुकानों, ढाबों का भी जायजा लिया। यह कारोबारी नगर है शायद इसलिए इसकी पहचान किसी एक संस्कृति से नहीं बंधी है। मिश्रित कल्चर है यहां। हालांकि कोटा जैसा आधुनिक शहर नहीं है भीलवाड़ा।

अगली सुबह हमने नाश्ते में फिर पोहे का मजा लिया। कोटा की तरह पोहा यहां भी लोकप्रिय है। कढ़ाही वाले दूध का स्वाद यहां भी चखा। वैसे रोज दूध या छाछ पीना मेरे लिए जरूरी था। राजस्थानी खानपान में लालमिर्च का प्रयोग अधिक मात्रा में किया जाता है।

कम मिर्च–मसाला खाने वाले शायद यहां के खाने को नापसंद कर सकते हैं या उन्हें ये सब हजम ना हो। लेकिन मैं एक पंजाबी परिवार से हूं और पंजाबी खानपान भी मिर्च मसालों के लिए जाना जाता है इसलिए भी मुझे

राजस्थानी भोजन से कोई समस्या नहीं थी। लेकिन फिर भी लालमिर्च के तेवर को कम करने के लिए मैंने दूध छाछ आदि का नियमित सेवन जरूरी समझा।

किसी शहर का हाजमा वहां के खानपान से मालूम हो जाता है। मैंने भी यहां खाने–पीने का काफी मजा लिया। राजस्थान में भी खान–पान और खाने–पीने वालों की कहीं कोई कमी नहीं है। मैंने पंजाबी गाढ़ी कढ़ी कई बार खाई है। सिंधी कढ़ी का भी आनन्द लिया है। लेकिन राजस्थानी पतली कढ़ी का स्वाद भी भूलने वाला नहीं है। तरह–तरह के पकवानों, खान–पान की खूशबू तो हमारे देश के कोने–कोने में फैली हुई है।

यहां की सड़कें बाजार कोटा शहर से अलग थे। भीलवाड़ा स्टेशन के दोनों ओर मार्केट दूर तक फैली है। यहां सुबह–शाम काफी चहल–पहल रहती है। जरूरत का हर सामान यहां रिटेल और थोक दोनों दामों पर मिलता है।

बाजार के आकर्षण से बचने के लिए अपनी जेबें खाली रखनी चाहिए।

यह सबक मैंने कभी स्कूल में एक अध्याय 'बाजार दर्शन' से सीखा था। शाम को जब टहलने का मन किया तो मैं सिर्फ आलू और केले के चिप्स खाते–खाते बाजार घूम आया। इस तरह बाजार के आकर्षण में लुटने से बच गया। जेब भारी कर बाजार घूमना कभी–कभी बहुत भारी पड़ता है। कभी स्कूल में पढ़े पाठ को असल जिंदगी में अजमाया तो सही साबित हुआ। यह सबक तो उस समय और ज्यादा कारगर है जब बाजार में चमक ज्यादा हो और आपके पास पैसों की गुंजाइश कम।

किसी चीज को प्राप्त करने के लिए उसके प्रति रूचि बढ़ा देनी चाहिए।

मैं राजस्थान, यहां के शहरों, लोगों, यहां फैली संस्कृति, खानपान आदि की ज्यादा से ज्यादा जानकारी पाने का इच्छुक था, इसलिए दिन ब दिन यह

जानने के प्रति मेरी रुचि बढ़ती जा रही थी। मैं जल्द से जल्द बहुत कुछ जान लेना चाहता था। मुझे इसमें कामयाबी भी मिल रही थी। नये–नये अनुभवों को पाकर ताजगी मिलती, खुशी होती।

रिश्तों की खूबसूरती दिखाई देने लगती है जब हम उसे समझने लगते हैं। चाहे वह रिश्ता इंसान से हो, प्रकृति या शहर से।

दिल्ली से कोटा और फिर यहां से भीलवाड़ा के सफ़र तक मैंने कई चीजों से रिश्ते कायम कर लिए थे जो मुझे खूबसूरत लग रहे थे। क्या ऐसा इसलिए था कि मैं यहां पहली बार आया था। शायद नहीं, क्योंकि पहली बार मैं इन शहरों के अलावा अन्य जगहों पर भी तो जा चुका हूं, लेकिन तब ऐसा अनुभव क्यों नहीं था। हां, यह हो सकता है कि मैंने यहां सबसे ज्यादा समय बिताया और जगह–जगह घूमा। कहां मैं कुछ समय पहले तक निराशा में इंसानी रिश्तों को भी भूलता जा रहा था।

भले ही भीलवाड़ा शहर कोटा शहर की तरह बड़ा व आधुनिक न हो लेकिन यह शहर भी कुछ कहता है और आगन्तुकों को निराश नहीं करता। घुटन नहीं है एक ओपन सिटी है। सड़कें चौड़ी हैं, अच्छी है।

मैंने इससे पहले कभी–भी राजस्थान के किसी भी शहर के दर्शन नहीं किए थे। इसलिए मेरे मन मस्तिष्क में अन्य कई लोगों की तरह रेत और ऊंट से राजस्थान की छवि उभरती थी। अतः मेरे इस सदाबहार सफ़र की शुरूआत ही ऐसे शहरों से हुई जो व्यावसायिक केन्द्र के रूप में जाने जाते हैं। यह मेरे लिए अच्छी बात थी, क्योंकि तब मैं कैसे राजस्थान के विभिन्न रंग देख पाता।

कहते हैं कि जो रिस्क लेता है उसका किस्मत भी साथ देती है।

गर्मी के शुरूआती दिनों में इतने लंबे समय तक प्रदेश के विभिन्न शहरों में कार्य करना एक चुनौती था जिसे मैंने भारी मन से स्वीकार किया था। मेरे

कुछ सहकर्मियों ने इस सफ़र की शुरूआत से पहले यह कह कर डर सा पैदा किया था कि राजस्थान में वर्किंग करना आसान नहीं है। लेकिन मैंने जोखिम ले लिया था।

लेकिन मुझे नहीं मालूम था कि यह रिस्क मेरे जीवन का यादगार सफ़र बन जाएगा। अब तो अन्य शहरों को देखने का उत्साह बढ़ता ही जा रहा था। भाग्यवश पूरे सफ़र में ढेरों आनन्ददायक अनुभवों से गुजरता रहा, इनका मजा लूटता रहा। शायद मुझे पक्का यकीन होता जा रहा था कि आने वाले दिनों में यहां अच्छी गुजरेगी।

एक और दिन हमने सुबह की अंगड़ाई ली। पूरी तैयारी के बाद हम वर्किंग के लिए निकल गए। बिना चाय पिए मुझे काम में मजा ही नहीं आता था, क्योंकि यहां की चाय का स्वाद काफी मजेदार था। यहां दोनों ही शहरों में मुझे एक चीज तो कॉमन लगी कि यहां सुबह नाश्ते की कोई कमी नहीं है। चाय, पोहा, मिर्ची बड़ा, कचौड़ी आदि की नाश्ते में बड़ी मांग है और इन्हें बेचने वालों की भी कोई कमी नहीं है। छोटी–बड़ी यहां कई दुकानें मिल जाएंगी।

धूप खिली हुई थी। कुछ किताबें हमने लाद रखी थीं। स्टेशन के पीछे वाले रोड पर आने के बाद मालूम हुआ कि यहां से चित्तौड़ जाने के लिए बस व जीप चलती है। हमें चित्तौड़ रोड, गंगरार जाना था। यहां से 2 किलोमीटर की दूरी पर ही मेवाड़ यूनिवर्सिटी है। गंगरार चित्तौड़गढ़ जिले में आता है।

बस का इंतजार छोड़ हम जीप में सवार हो गए। जीप में ठसाठस सवारियां भरने के बाद जीप चलाई गई। 6–7 किलोमीटर बाद ही हम भीलवाड़ा–चित्तौड़ बाईपास पहुंच गए। नेशनल हाईवे -79 एक खूबसूरत राष्ट्रीय राजमार्ग। जीप 80 से 100 किलोमीटर प्रति घंटा की रफ्तार से दौड़ रही थी। सरपट दौड़ती जीप और यदा–कदा गुजरते वाहन। इतनी स्पीड में दिल की धड़कनें ऊपर–नीचे हो रही थी। इसलिए नहीं कि मुझे जिंदगी से डर लग रहा था बल्कि इसलिए क्योंकि घर पर मेरा कोई इंतजार कर रहा था।

राष्ट्रीय राजमार्ग के आसपास घनी आबादी नहीं थी। सुन्दर, सपाट राजमार्ग पर दौड़ती गाड़ियां और चारों ओर प्राकृतिक सुन्दरता एवं शांति पसरी हुई थी। राजस्थान में राजमार्गों की यह विशेषता है। बीच–बीच में कोई गांव या कस्बा दिखाई देता था। हम तेजी से अपनी मंजिल की ओर बढ़ रहे थे।

तालाब की असल गहराई उसमें उतर कर ही मालूम होती है। बिना जगह–जगह घूमें मैं राजस्थान प्रदेश को इतने करीब से कैसे जान सकता था। कुछ मिनटों में हम गंगरार होते मेवाड़ यूनिवर्सिटी पहुंच गए। भीलवाड़ा, चित्तौड़ रेल लाइन के करीब ही बना हुआ है कैंपस। यहां काम समाप्त करने के बाद वापस उसी रास्ते से उसी तरह वापस भीलवाड़ा पहुंच गए।

दोपहर तक होटल छोड़ना था इसलिए सारी तैयारियां रात में ही कर ली थीं। इस खूबसूरत यात्रा का एक ओर अध्याय समाप्त होने जा रहा था। यानी हमें चित्तौड़गढ़ के लिए निकलना पड़ा। लेकिन भीलवाड़ा का लंच अभी बाकी था। दोपहर भोजन में हमने परंपरागत व लोकप्रिय भोजन दाल–बाटी का स्वाद चखा।

जब आप किसी को सच में चाहने लगते हैं तो उसकी हर बात अच्छी लगती है। प्रेम में यह ताकत होती है।

मैं यहां की संस्कृति में घुल–मिल चुका था। यहां के खाने–पीने का मैं उंगलियां चाट–चाट कर मजा लेने लगा। मुझे तो यहां का हर रंग रूप भा रहा था। मुझे यहां का वातावरण पसंद आ रहा था।

अब राजस्थान के इस टैक्सटाइल शहर को अलविदा कहने का वक्त आ गया था। हमने होटल से चैक आउट किया और नजदीक ही बस स्टैंड के लिए रवाना हुए।

चित्तौड़गढ़ यहां से सिर्फ 50–52 किलोमीटर दूर है। हम बस में सवार हुए। मेरे इस यादगार सफ़र का एक और अध्याय समाप्त करते हुए बस शहर की सड़कों को छोड़ती जा रही थी।

काम को बोझ समझ कर करने में आनन्द नहीं मिलता।

काम को यदि बोझ समझ कर किया जाए तो न हम काम को आसानी से कर पाते हैं और न ही कार्यस्थल के माहौल में आनन्द ढूंढ पाते हैं। इतने

दिनों यहां रहते हुए हमने काम किया, कड़ी मेहनत भी की, लेकिन फिर भी आगे के लिए जूनून बरकरार था। हां, अगर मैं यहां सिर्फ और सिर्फ काम पर ही ध्यान देता तो यह एक दिन नीरस बन जाता और मेरे लिए मुश्किलें खड़ी हो जाती।

एक दिन चित्तौड़

कोई घटना या किसी के बारे इतिहास में कहीं कुछ पढ़ा हो या किसी से सुना हो और अचानक से वह वर्तमान में विशालकाय रूप में दिखायी दे जाये तो कैसा महसूस होगा।

चित्तौड़ की रानी पद्मनी और उनकी सुन्दरता के बाबत पढ़ा था, सुना था। 1303 का इतिहास है। पद्मनी अत्यंत रूपवती थी। उनके सौन्दर्य से मोहित होकर मुगल शासक अलाऊद्दीन खिलजी ने चित्तौड़ पर आक्रमण कर दिया था लेकिन वह रानी पद्मनी को प्राप्त नहीं कर सका क्योंकि रानी ने अपमान से बचने के लिए स्वयं को अन्य महिलाओं के साथ अग्नि को समर्पित कर दिया था।

भीलवाड़ा से करीब 75 मिनटों के सफ़र के बाद मैं उसी चित्तौड़गढ़ में पहुंच चुका था। बस स्टैंड पर उतर जब मैंने खुली हवा में अंगड़ाई ली तो सामने दिखाई दे रहा था चित्तौड़ का किला। बेहद विशाल। पहाड़ी पर बने इतने भव्य किले को मैं स्पष्ट देख पा रहा था। किले के नीचे ही बसा है एक रमणीय शहर चित्तौड़गढ़।

मैं अब तक राजस्थान के हर रूप–रंग का भरपूर आनंद ले रहा था। अब चित्तौड़ के किले की एक झलक ने ही मुझे मोहित कर दिया था। एक दिन में मैं इस शहर को कितना जान पाता, लेकिन मेरी भेंट हुई एक आटो ड्राइवर शरीफ मोहम्मद से। वह कोई आम आटो ड्राइवर नहीं बल्कि पूरा गाइड था। बस स्टैंड पर ही वह हमें मिल गया था। हम इस शहर में बिल्कुल अजनबी थे तो शहर से मेल–मिलाप कराने में उसने काफी मदद की।

बस स्टैंड से कुछ ही दूरी पर हम होटल में ठहरे। हमें यहां एक ही रात गुजारनी थी। मैं राजस्थान के एक ऐसे शहर के दर्शन को आतुर था जो इतिहास में एक विशिष्ट स्थान रखता है। राजस्थान का गौरव चित्तौड़ राजपूती परंपरा एवं वीरता का प्रतीक है।

कम समय में शहर को ज्यादा से ज्यादा जानना चाहता था। मैं होटल से निकल लिया पैदल ही। बाजार में आकर मैंने एक कप चाय पी। थोड़ी देर घूमने के बाद मैं वापस हो लिया। शाम को बाजार जल्दी बंद हो गए थे यहां। शाम को मैं होटल की बालकनी पर खड़ा हवा का आनंद ले रहा था। सामने किले पर रोशनी छायी हुई थी। खूबसूरत शाम थी।

सुबह जल्दी उठना था इसलिए हम समय पर सो गए। इसे पहले हम शरीफ मोहम्मद के साथ भी काफी वक्त गुजार चुके थे। अगले दिन के लिए भी हमने उसे बुक कर लिया था।

चित्तौड़ का किला अतीत में कितना भव्य रहा होगा यह इसे दूर से ही देखने से लगता है। यह भी राजस्थान का एक पर्यटन स्थल है जहां देशी–विदेशी पर्यटकों का जमावड़ा लगता है।

वीर पुरुषों की वीरता के कारनामे इतिहास में दफ्न नहीं होते।

वीर पुरुषों की वीरता के कार्यों को कभी भुलाया नहीं जा सकता है बल्कि इनके कारनामे तो भविष्य में किसी की प्रेरणा बन जाते हैं और एक बेहतर भविष्य निर्माण का कारण भी बनते हैं।

चित्तौड़ इतिहास में एक विशेष स्थान रखता है। राजस्थान का गर्व चित्तौड़ वीरता की गाथाओं से भरा हुआ है। कई आक्रमण झेलने के बाद भी इसकी गरिमा बरकरार है। इस गरिमा को बनाए रखने में बड़ी भूमिका थी राजपूती वीरता और 'जौहर' हो जाना।

'जौहर' से तात्पर्य जिसमें महिलाएं एवं बच्चे स्वयं को जिन्दा ही आग में समर्पित कर देते थे और पुरुष बलिदान के लिए केसरिया कपड़े पहन किले से बाहर लड़ाई के लिए निकल जाते थे।

रानी पद्मिनी ने खिलजी के आक्रमण के दौरान जो किया था वह जौहर था। 1533 में विक्रमजीत के शासनकाल के दौरान जब गुजरात के शासक बहादुर शाह ने चित्तौड़ पर आक्रमण किया था तब बूंदी की रानी कर्णवती ने 'जौहर' किया था।

'शहीदों की चिताओं पे लगेंगे हर बरस मेले, वतन पे मरने वालों का यही बाकी निशां होगा।' सच ही तो है, चित्तौड़गढ़ में लोग साल दर साल आते रहे हैं और आते रहेंगे और उम्मीद है कि आगे भी वह इस गर्व करने वाले इतिहास को जिन्दा रखेंगे।

मैं ऐसी धरती पर एक रात गुजार चुका था। मुझे चित्तौड़ के बारे इतना जानकर गर्व होना ही था। राजस्थान में ऐसी कई गाथाएं इसके गौरवमयी अतीत को बयां करती हैं।

कुछ जानने की जिज्ञासा आपको थकने और रुकने नहीं देती।

एक रात में मेरी सारी थकान उतर चुकी थी और मैं चित्तौड़ की खूबसूरत सुबह का आनन्द लेने जल्दी उठ गया था। सुबह स्नान के बाद मैं किले रोड तक गया। चाय की चुस्की के साथ नाश्ते में सिर्फ पोहा खाया। जी फिर पोहा ही खाया। कोटा से चित्तौड़गढ़ तक नाश्ते में मैं पोहा का स्वाद और साथ नहीं छोड़ सका। वैसे पोहा मेरे पेट की सेहत के लिए काफी अच्छा था।

अच्छे लोगों का साथ मिल जाए तो रास्तों पर चलना आसान हो जाता है।

हमारे काम को काफी आसान बनाया शरीफ मोहम्मद आटो वाले ने। उसके साथ हमने अपने काम को आसानी से निपटाया और शहर के नजारों का मजा भी लिया और जानकारी भी प्राप्त की। वह काफी हंसमुख था और उसे शहर से प्रेम भी था।

काम को प्रेम और प्रसन्नता से कैसे किया जाता है, उससे सीखा जा सकता था। प्रसन्नता उसके चेहरे पर साफ झलकती थी। एक सूक्ति है–प्रसन्नता तो चंदन है दूसरे के माथे पर लगाइए आपकी उंगलियां अपने आप महक उठेंगी। वह बोलने में तेज जरूर था और चालाक भी मगर शायद छल कपट से दूर। हमने उससे मित्रता कायम कर ली थी।

ज्ञान अथवा जानकारी को कहीं भी, कभी भी और किसी से भी प्राप्त किया जा सकता है। मैंने भी उस व्यक्ति से कुछ तो सीख लिया था। यह मेरा दुर्भाग्य था कि चित्तौड़ आने के बावजूद मैं किला नहीं घूम पाया। कारण, समय की कमी।

दुनिया में सब कुछ थम भी जाए लेकिन वक्त कभी नहीं रुकता।

इतने विशाल किले के सम्पूर्ण दर्शन कम समय में संभव नहीं थे। काश मैं इस अति प्राचीन किले में कुछ क्षण बिता पाता। 7वीं शताब्दी में मौर्य शासकों ने इस किले को बनवाया था। करीब 80 मीटर पहाड़ी पर स्थित यह किला सात सौ एकड़ में फैला हुआ है। किले में अनेक द्वार हैं। कई अद्भुत स्मारक हैं। राजपूती वास्तुकला एवं राजपूत वीरता की यादें हैं।

आटो वाले ने बताया कि किले के अन्दर मंदिरों एवं इमारतों की उत्कृष्ट वास्तुकला देखने लायक हैं।

मेरा जन्म दिल्ली में हुआ। मैं यहीं पला–बड़ा और पढ़ा हूं। मेरे जीवन का सबसे ज्यादा समय यहीं गुजरा है। पुरानी दिल्ली में मुगल वास्तुकारों की छाप दिखाई देती है तो नई दिल्ली को अंग्रेज वास्तुकारों ने बनाया। जिनमें से हर्बट बेकर और रसेल वारेन टोर के नाम प्रमुख हैं जो दिल्ली के दिल कनाट प्लेस के आर्किटेक्ट थे लेकिन भारतीय वास्तुकला के खूबसूरत नमूने एवं भारत के वास्तुकारों का हुनर मैं राजस्थान में जगह–जगह साक्षात देख पा रहा था। मैं गर्व महसूस कर रहा था।

यादगार सफ़र का मजा तो इसे जारी रखने में ही है।

मंजिल को पा लेने पर तो बस इसे प्राप्त करने की खुशी ही शेष बचती है बाकी सब हवा हो जाता है। मेरा सफ़र भी शहर दर शहर जारी था। अब चित्तौड़गढ़ को भी अलविदा कहने का वक्त आ चुका था।

बड़े–बुजुर्गों की बनाई चीजें या परंपराओं को संजोये रखना एवं बनाए रखने की पूरी जिम्मेदारी भावी पीढ़ी पर होती है और राजस्थानियों ने यह जिम्मेदारी अच्छे से निभायी है। राजस्थानी अपने हर रूप–रंग से प्रेम करते हैं, गर्व करते हैं।

राजस्थान की समृद्धि पर कुछ पंक्तियां कहीं गई हैं–

म्हारो जंगल–मंगल देस

म्हाने आछो लागै सा

आछा लागै सा, बालों लागै सा

खोखा म्हाने चोखा लागै

खेजड़लो ज्यूं खजूर

निंबोली अंबोली सिरखी रस देवै भरपूर

म्हारो जंगल–मंगल देस

म्हाने आछो लागै सा

मैं अपनी बात करूं तो राजस्थान प्रदेश के विभिन्न रूप रंग मेरे दिलो–दिमाग पर छा चुके थे और मुझे पूरा विश्वास हो चुका था कि आगे का सफ़र जीवन का यादगार सफ़र होने वाला है।

बेहद प्रसन्नचित मन से हमने उदयपुर रवाना होने की तैयारी कर ली। दोपहर को हम चित्तौड़ बस स्टैंड पहुंच गए। कुछ मिनटों में ही बस चल दी। बस ने रफ्तार हाईवे पर आकर पकड़ी। एनएच–76, यह हाईवे चित्तौड़ को उदयपुर से सीधा जोड़ता है। मस्त रोड है। एनएच–76 और एनएच–79 दोनों हाईवे से जुड़ा हुआ है चित्तौड़गढ़। बस किसी चेतक की तरह हवा से बातें कर रही थी। हम तेजी से उदयपुर की ओर बढ़ रहे थे। उदयपुर यहां से करीब 110 किलोमीटर दूर है।

कभी–कभी कोई कथित दुर्भाग्य जीवन का एक बड़ा सौभाग्य बन जाता है।

जब मुझे राजस्थान में इतने लंबे टास्क की जिम्मेदारी मिली थी, तब मेरे साथियों ने इसे मेरा बैडलक बताया था। मुझे डराया गया था कि इस प्रदेश में पहली बार इतने दिन कार्य करना कठिन होगा। लेकिन मैंने नकारात्मक सोच को अपने पर हावी नहीं होने दिया और सदैव अच्छा करने, अच्छा होने की आस बांधे रखी और इसी कारण मैं अपने कथित बैडलक को गुडलक में बदल पाया।

अगर मैं इतने दिन यहां नहीं गुजारता तो राजस्थान को कैसे जान पाता। राजस्थान के प्रति असंख्य लोगों की नकारात्मक सोच को बदला जाना जरूरी है। जिसे मेरा दुर्भाग्य बताया जा रहा था हकीकत में वह सौभाग्य में बदलता प्रतीत हो रहा था। शर्त यह थी कि अच्छी सोच और उम्मीद को हमेशा जिंदा रखा जाए।

सेब खाए बिना उसका स्वाद कैसे मालूम होगा। किताब पढ़े बिना उसकी समीक्षा कैसे हो सकती है।

किसी चीज को जाने बिना उसके प्रति राय कायम करना क्या सही है। राजस्थान की पहचान सिर्फ 'रेत' और सूखे मैदानों से नहीं हो सकती। इसे वास्तव में जानने के लिए यहां 'पधारना' होगा। पधारने से ही काम नहीं चलेगा, बल्कि घूमना भी पड़ेगा। मैंने भी सीख लिया था। कोशिश रहेगी ऐसा असल जिंदगी में करने की।

हम शाम छह बजे तक उदयपुर पहुंच गए। विश्व प्रसिद्ध पर्यटन स्थल, झीलों, शौर्य व त्याग की नगरी उदयपुर से मैं पहली बार परिचित हो रहा था।

मन को भायी झीलों की नगरी

अच्छे अनुभवों को प्राप्त करने के बाद कुछ बेहतर अनुभव भी आते हैं और बेहतर से बेहतर अनुभवों की अपेक्षा हमेशा रखनी चाहिए।

चित्तौड़गढ़ तक के सफ़र में कई अच्छे अनुभवों से गुजरने के बाद उदयपुर में मुझे कई बेहतर अनुभवों की प्राप्ति हुई। मेरी आंखें मानो किसी कैमरे की तरह सब कुछ क्लिक करती जा रहीं थी।

डबोक रोड से प्रताप नगर चौराहे तक आते–आते बस से ही मैं उदयपुर की कई झलक देख चुका था। दूर–दूर तक छोटी–बड़ी पहाड़ियां दिखाई दे रही थीं। पहाड़ियों के बीच बसा एक शहर। मन आनन्दित हो रहा था। उदयपुर की खूबसूरत तस्वीर दिमाग में उतर रही थी। इतनी सी झलक यह अहसास तो करा रही थी कि हम एक आधुनिक शहर में हैं।

मुझे लगता है कि आपके अन्दर का उत्साह आपको सक्रिय क्रियाशील बनाए रखता है। तभी तो मैं यहां पहुंचते ही बाहर घूमने निकल लिया। हम सूरजपोल के पास ठहरे थे। यहां से बस स्टैंड और रेलवे स्टेशन दोनों ही नजदीक हैं। यह उदयपुर की एक खास जगह है। शहर का प्रवेश द्वार भी यहीं पूर्व दिशा में है।

मैं अकेला और पैदल ही उदयपुर की पहली खूबसूरत शाम का मजा ले रहा था। सूरजपोल के पास काफी चहल–पहल रहती है। घूमते हुए मैं नजदीक ही बापू बाजार पहुंचा। बाजार है तो भीड़–भाड़ होगी ही। चकाचौंध भी। शापिंग के साथ घूमना फिरना और खाना–पीना, इससे अच्छी जगह कहां मिलेगी। किसी मैट्रो शहर के प्रमुख बाजारों की तरह था। बापू बाजार किताबों का भी एक केन्द्र लगा। किताबों की कई दुकानें हैं यहां। कुछ देर घूमने के बाद मैं वापस होटल पहुंचा।

कभी–कभी दुर्भाग्य के साथ सौभाग्य भी साथ चलता है।

हम जिस जगह ठहरे वहां बाहरी तरफ काफी ट्रैफिक एवं शोर था लेकिन हम जिस होटल में ठहरे वो और उसके आसपास का माहौल बेहद शांत था। जगह काफी खुली थी। ऐसा लग ही नहीं रहा था कि हम शोर–शराबे वाले माहौल के इतने करीब हैं।

किसी से लड़ने और किसी से प्रेम करने में कुछ ही पल लगते हैं।

लड़ना हमारे स्वभाव के विपरीत था, अतः हमने कुछ ही पलों में होटल वाले और यहां काम करने वालों से आत्मीयता कायम कर ली थी। इसका हमें रिटर्न मिला और यहां हमारी अच्छी आवभगत हुई। ऐसा अहसास ही नहीं हुआ कि घर से मीलों दूर मैं यहां एक अजनबी हूॅ।

हमेशा प्रसन्न रहने के लिए प्रेम करने की आदत डाल लेनी चाहिए।

चाहे वह प्रकृति से हो, चीजों से हो या फिर लोगों से। हम भी ऐसा करते आ रहे थे। प्रेग या किसी के प्रति लगाव आपको एक जादुई खुशी देता है या इसका अहसास कराता है। वैसे प्रेम एवं स्नेह राजस्थान में बसा सा हुआ है। स्नेह को प्रकट करती ये पंक्तियां पढ़िए–

जीमो–जीमों म्हारा मदन गोपाल

करमा बाई रो खीचड़लो

प्रभु जी थारो प्रेम पुजारी

गया तीरथां न्हाणा

जातो जातो दे गया म्हाने

सेवा री भोलावण

जद आई थारे मंदरिया म चाल

जीमो जीमो म्हारा मदन गोपाल।

उदयपुर की पहली शाम का मैंने खूब आनन्द लिया। एक रात चैन से सोने के बाद इस शहर में कार्य करने का पहला दिन आया। इस शहर में पहली सुबह थी।

हम प्रताप नगर स्थित पैसिफिक यूनिवर्सिटी पहुंचे। यह विश्वविद्यालय चारों तरफ पहाड़ियों से घिरा हुआ है। सामने दिखाई देते पहाड़ आकर्षित करते हैं। पढ़ाई के लिए काफी अनुकूल वातावरण लगा। सामने ही है नेशनल हाईवे–76। यहां बड़ी तेजी से वाहन गुजरते दिखाई देते हैं। सरपट दौड़ती गाड़ियां। डबोक एयरपोर्ट इसी रास्ते पर है जो यहां से करीब 18–20 किलोमीटर है।

मुझे इस नगरी से प्रेम होने लगा था। मेरे जन्मस्थल दिल्ली से मेरा प्यार पिघलने लगा। मैं सोचने लगा कि मैं भाग्यशाली हूं जो मुझे उदयपुर आने का अवसर मिला। यहां के नजारे मन मोह रहे थे। जब आपको प्रेम करना आता हो तो इसका इजहार करना भी आना चाहिए। जब मैंने शहर से होते प्रेम की बात कालेज की एक युवा लेक्चरार को बताई तो स्वाभाविक रूप से उनके होठों पर मुस्कान छा गई। उन्होंने भी इस शहर की तारीफ में कुछ शब्द व अनुभव हमसे बांटे।

अच्छी चीजों और अच्छे लोगों की प्रशंसा करने में न देर करनी चाहिए और न कंजूसी।

हमने यहां लंबा समय व्यतीत किया और सभी मिलने वालों से अच्छी बातचीत की, अनुभव प्राप्त किए और बांटे भी।

वापसी में तेज हवा चल रही थी। मस्त मौसम था। वापस होटल पहुंचने तक मैं शहर की गली, सड़कें, लोगों को उत्सुक निगाहों से देखता रहा।

इस तरह पहला दिन ज्यादातर कार्य करने में ही बीता। घूमने का अवसर नहीं मिला। डिनर करने के बाद कढ़ाही वाले गर्म दूध का स्वाद मैंने यहां भी लिया।

रविवार की शुरूआत देर से ही होती। देर से उठना, देर से नाश्ता, खाना पीना। नाश्ते में पोहा का साथ मैंने उदयपुर तक नहीं छोड़ा था। कचौड़ी का स्वाद भी कई बार चखा।

रविवार को स्मरणीय बनाने के उद्देश्य से हमने शहर घूमने का फैसला किया। पर्यटन स्थलों की जानकारी हमें होटल से ही मिल गई थी। हमें सहेलियों की बाड़ीं जाना था। हम आटो से सूरजपोल चौराहे से चेतक सर्कल होते हुए सुखाड़िया सर्कल पहुंचे। सुखाड़िया सर्कल शहर का एक लोकप्रिय स्थल है।

यह चौराहे पर एक खूबसूरत पार्क है। पार्क में फाउंटेन, पानी और बोटिंग का आनंद है। शाम के वक्त यहां भीड़ रहती है। मैंने कुछ ही क्षण यहां गुजारे। इसके बाद हम सहेलियों की बाड़ी चल दिए।

यहां कुछ ही दूरी पर सहेलियों की बाड़ी है। यह एक ऐतिहासिक जगह है। दरअसल किसी जमाने में यह एक बगीचा हुआ करता था। इसे सहेलियों की बाड़ी इसलिए कहा जाता है क्योंकि इस बगीचे में रानी उसकी दासियां एवं सखी–सहेलियां घूमने आती थीं। यह उनके क्रीड़ा स्थल के उद्देश्य से निर्मित किया गया था। इसे राजा संग्राम सिंह ने बनाया था। इसे बने हुए 300 से ज्यादा वर्ष हो चुके हैं। इस बगीचे में कई ताल, फव्वारे, तराशी हुई छतरियां आदि आकर्षण के केन्द्र हैं।

इतिहास को जिन्दा रखने की जिम्मेदारी भावी पीढ़ी पर होती है। यह भी शाही घराने की याद के रूप में विद्यमान है। शाही अतीत की यादें उदयपुर ही नहीं समूचे राजस्थान में जिन्दा रखी गई हैं। इसके लिए यहां के लोग बधाई के हकदार हैं।

**कम वक्त में भरपूर जिन्दगी जीने की कोशिश करनी चाहिए,
फिर कभी मौका मिले या न मिले।**

उदयपुर एक प्रमुख पर्यटन स्थल है और यहां घूमने फिरने की कई जगह हैं। मैं रविवार के दिन उदयपुर के ज्यादा से ज्यादा दर्शन कर लेना चाहता

था, इस अवसर को मैंने हाथ से जाने नहीं दिया। फिर रुक जाए जो वो जिन्दगी कहां है।

हम यहां से सीधे फतेहसागर पहुंचे। फतेह सागर एक झील है। चारों तरफ पहाड़ियों के बीच यह झील लुभाती है। सुन्दर दृश्य। आंखें दूर तक नजारों को देख रही थी। मन खुश हो रहा था।

झील काफी दूर तक फैली है। झील में पानी गहरा हो तो कहना ही क्या। झील के किनारे पहाड़ी के साथ रास्ता ऐसा बना हुआ है जैसे मुंबई का जूह चौपाटी एवं मरीन ड्राइव। मैं तो इसे उदयपुर की अपनी चौपाटी कहूंगा।

शाम को काफी चहल–पहल रहती है। किनारे पर गाड़ी रोको और गप्पे–शप्पे मारो। खाओ–पीयो और सुन्दर नजारों का आनन्द लो। सर्दियों में तो मजा आता ही होगा। इस झील का निर्माण महाराणा जय सिंह ने करवाया था। इसके बाद इस झील का पुनः निर्माण महाराणा फतेह सिंह ने करवाया और तब से इसके साथ फतेहसागर नाम जुड़ गया।

प्रकृति की सुन्दरता का आनन्द लूटने के लिए इसके प्रति प्रेम भाव होना जरूरी है।

मेरे अन्दर भी इस शहर के प्रति प्रेम उमड़ रहा था। तभी तो कुछ पलों में ही मैंने यहां के प्राकृतिक सौन्दर्य का मजा लूट लिया। प्रकृति से प्रेम हो जाता है तो इसका अच्छा 'रिटर्न' मिलता है।

फतेहसागर झील के पास ही स्थित है मोती मगरी यानी महाराणा प्रताप स्मारक। प्रवेश टिकट ले कर हम कम दूरी के संकरे लेकिन साफ–सुन्दर जंगलनुमा और शांत रास्ते से गुजरते हुए महाराणा प्रताप स्मारक पहुंचे। पहाड़ी की चोटी पर महाराणा प्रताप की भव्य मूर्ति आकर्षित करती है। जहां वह चेतक घोड़े पर सवार हैं। घोड़े पर सवार एक योद्धा।

यह एक रमणीय व खूबसूरत पर्यटन स्थल है। यहां से उदयपुर बेहद खूबसूरत दिखाई देता है। किसी कवि, लेखक या चित्रकार के लिए एक अनुकूल जगह है। यहां तक पहुंचने का रास्ता शांत व खूबसूरत है।

फतेहसागर झील में अगर पानी ज्यादा भी नहीं हो तो भी यह स्थल आपको निराश नहीं करेगा।

महाराणा प्रताप स्मारक घूमने के बाद मैं जान पाया कि क्यों उदयपुर को शौर्य की नगरी भी कहा जाता है। वीर पुरुष कभी नहीं मरते, बल्कि उनसे प्रेरित अंशों से भविष्य में सैकड़ों वीर पैदा होते हैं। यह सिलसिला चलता रहता है। महाराणा प्रताप राजस्थान के शौर्य एवं गौरवमयी इतिहास के स्तंभ, प्रतीक हैं। 1540 में जन्मे महाराणा ने हल्दी घाटी में मुगलों से कई लड़ाइयां लड़ीं। हल्दी घाटी युद्ध स्थल यहां से करीब 40 किलोमीटर दूर है जो महाराणा प्रताप और मुगल बादशाह अकबर के बीच 1576 में हुए युद्ध का गवाह रहा है।

महाराणा प्रताप स्मारक आने वाले लोग उनकी गौरवगाथा एवं उनके साम्राज्य की झलकियों से परिचित होते हैं। मेवाड़ संस्कृति एवं कलाकृति की स्पष्ट झलक यहां दिखाई देती है। पहाड़ी की चोटी जहां चेतक पर सवार महाराणा प्रताप की मूर्ति है वहां से चारों ओर फैली पहाड़ियों की विशाल श्रृंखला का रमणीय दृश्य देख सकते हैं।

यहां लगने वाला प्रकाश कार्यक्रम भी लोकप्रिय है। इन सबके अलावा भी यहां देखने लायक कई चीजें हैं। उदयपुर आने वालों को यह जगह मिस नहीं करनी चाहिए। उदयपुर को बेहद खूबसूरत पर्यटन स्थलों में क्यों गिना जाता है, यह मैं इतना ही देखकर समझ चुका था।

कहते हैं न कि बिना मरे स्वर्ग नहीं मिलता।

वापसी में हमने फिर से कुछ पल फतेहसागर झील के किनारे बिताए। सूरज पहाड़ियों के पीछे छुप रहा था। खूबसूरत दृश्य। 'सनसेट' का यह नजारा मैं स्वयं सामने देख रहा था। चाय की चुस्की के साथ मैं कुछ देर झील के किनारे बैठा रहा। झील के पानी में बनती लहरों के साथ मेरा लेखक मन भी हिचकोले ले रहा था। यहां से जाने का मन नहीं कर रहा था। अब तक ऐसे दृश्य कल्पनाओं का हिस्सा हुआ करते थे। यहां आकर ही तो सब जान सका। यह मेरे जीवन का एक और खूबसूरत दिन व अनुभव साबित होने जा रहा था।

वक्त के सामने तो किसी की नहीं चलती।

सूर्यास्त हो चुका था। शाम को कहीं अंधेरा तो कहीं पहाड़ियों पर रोशनी से नजारा और खूबसूरत लग रहा था। हमने लौटने का फैसला किया।

हम वापस होटल लौट आए। बचपन में पिताजी ने एक बात सिखाई थी कि अगर कुछ खाने की मन में तीव्र इच्छा हो तो उसे मारो मत। भीलवाड़ा में मैं दाल–बाटी खा चुका था, आज तक मैंने चूरमा नहीं खाया था। खाने का समय होते ही हम दाल–बाटी चूरमा की तलाश में निकल पड़े।

सूरजपाल के पास ही एक छोटे से रेस्टोरेंट पहुंचे। यहां दाल–बाटी चूरमा विशेष रूप से उपलब्ध था। रात के खाने का समय और जगह पूरी पैक्ड थी। दाल, सलाद और लाल चटनी के साथ बाटी खाई। इस तीखे भोजन के बाद हमने 'चूरमा' खाया जो मीठा स्वादिष्ट था। इसके बाद रोज की तरह कढ़ाही दूध पिया और फिर वापस होटल।

सदैव स्वर्ग में जीने की कल्पना हमें नरक में भी आनन्द से वंचित कर सकती है। कभी–कभी स्वर्ग के अंधेरे में जीने से नरक की रोशनी में जीना अच्छा होता है।

रात को सोने की तैयारी थी। मैं सोच रहा था कि छोटे शहरों में भी खूबसूरत जिंदगी बसी हुई है। फिर भी यहां के लोग बड़े शहरों की ओर भागते हैं। उम्मीदों को रोशन करने के लिए। कुछ को रोशनी मिल जाती है। कुछ अंधेरे में भटकते रहते हैं। मैंने कई बरस दिल्ली में गुजारे हैं। बेहद करीब से देखा है। भुगता है। महसूस किया है। हम लोग दूर से सुन्दर दिखते हैं। मैं समझता हूं कि ये छोटी सी जिन्दगी है, छोटे शहरों में भी बेहतर जी सकती है। सदैव स्वर्ग में जीने की कल्पना हमें नरक में भी आनन्द से वंचित कर सकती है। देश में कई ऐसे छोटे शहर हैं जिन्हें और अधिक खूबसूरत बनाया

जा सकता है। इन शहरों को और बेहतर बनाने, इनका विकास करने की जरूरत भी है।

जिंदगी भौतिक चीजों से कभी बड़ी नहीं बन सकती। बहुतेरे लोग इससे इत्तेफाक रखते हैं। लेकिन बहुत सारे लोग इन चीजों के पीछे लगातार भागते भी हैं। बड़े शहर इनसे भरे पड़े हैं। मैं स्वयं भी तो ऐसे ही शहर में पला–बढ़ा हूं, जाहिर है कैसे अछूता रह सकता हूं।

उदयपुर में एक दिन और गुजर गया था। नये दिन की नयी शुरूआत करने हम जल्दी उठ गए। हम एयरपोर्ट रोड स्थित डबोक जाने के लिए तैयार हो गए। उदयपुर का एयरपोर्ट डबोक में स्थित है। डबोक एक बाहरी हिस्सा है जो चित्तौड़–उदयपुर हाईवे पर है। लेकिन हमें एयरपोर्ट नहीं बल्कि वहां स्थित इंजीनियरिंग कालेज जाना था।

कचौड़ी, पोहा और इसके बाद एक कप चाय की चुस्की ले हम चल दिए। शहर के अधिकतर इंजीनियरिंग कालेज बाहर हाईवे पर ही बने हुए हैं। धूप तेज थी। दिन भर गर्मी में तपते हुए काम किया। हवा तेज होने के कारण पसीना नहीं आ रहा था।

जब आप किसी से प्रेम करते हैं तो उसका हर रूप–रंग अच्छा लगता है।

मैं थकान के बावजूद इस मौसम में भी खुश था। शरीर चल रहा था और आंखें किसी कलम की तरह मन के कागज पर उन लम्हों को उतार रही थी जो शायद फिर कभी लौट कर आने वाले नहीं थे। जब जिन्दगी सफ़र में कट रही हो तो उसमें किसी तरह रंग भरते रहना चाहिए। मुझे इस शहर का हर रूप–रंग अच्छा लग रहा था।

वापस आकर मैंने थोड़ा आराम करने का फैसला किया। शाम की चाय के साथ थोड़ा रिलेक्स फील किया। आपका तन दुनिया के किसी कोने में भी चला जाए आपका मन अपनों को याद करना नहीं भूलता। अब तक के सफ़र में मैं नियमित रूप से अपने परिवार वालों और करीबी दोस्तों से फोन पर बात करता

था। खूबसूरत रिश्तों को संभाल कर रखना पड़ता है। बुरे वक्त में लड़खड़ाती जिंदगी को संभालने में ऐसे रिश्ते काम आते हैं।

कभी–कभी मन कुछ प्राप्त कर लेता है तो उससे दोगुना और पाने की इच्छा करता है।

एक दिन जी भर के शहर के खूबसूरत अनुभवों के बाद आज भी मन घूमने का हुआ। दिनभर की थकान जब दूर हो गई तो हम चल दिए जगदीश मंदिर एवं पिछोला झील घूमने।

सूरजपाल से हम पैदल ही बड़ा बाजार, भामाशाह मार्केट आदि आकर्षक बाजारों से जगदीश मंदिर पहुंचे। मंदिर में प्रवेश करते ही पता चल जाता है कि मंदिर प्राचीन है। आज भी इसकी खूबसूरती आकर्षित करती है। मंदिर ने मेरा मन मोह लिया था। इसके बारे में क्या कहूं–अद्‌भुत, कमाल, गजब। प्राचीन मंदिर का सौंदर्य आज भी लुभाता है। भारतीय वास्तुकला का अद्‌भुत नमूना।

नक्काशी देखते ही बनती है। मंदिर की इंच जगह नहीं बची जहां निर्माताओं ने मेहनत नहीं की। घनी आबादी के बीच स्थित सुन्दर प्राचीन मंदिर अनूठा दिखता है। मंदिर का द्वार एवं इसका डिजाइन आकर्षक है। भगवान विष्णु के इस मंदिर का निर्माण 1651 में महाराणा जगत सिंह द्वारा किया गया था।

जिन बाजारों से गुजरते हुए हम जगदीश मंदिर पहुंचे थे वे मुझे पुरानी दिल्ली की याद दिला रहे थे। यहां के घर, गलियां, बाजार आदि काफी कुछ पुरानी दिल्ली से मिलता–जुलता था।

यहां के प्राचीन घरों, मोहल्लों, हवेलियों को मैंने बेहद नजदीक से देखा और कई बार छुआ भी। इतने करीब से तो मैंने पुरानी दिल्ली को नहीं देखा था। यहां के बाजार पूरी तरह गुलजार थे। सुसज्जित बाजार मानो आपको लूटने को तैयार। इतना आकर्षण है यहां की दुकानों में।

बाजार के आकर्षण से बचने का सबसे बढ़िया तरीका है कि जेब हल्की करके जाओ। विदेशी सैलानी यहां आसानी से देखे जा सकते थे। मंदिर, बाजार और यहां के घरों में मानो कोई चुम्बकीय शक्ति थी जो मुझे अपनी ओर खींच रही थी।

मंदिर के पीछे कुछ कदमों की दूरी पर है बागोर घाट। यहां है पिछोला झील और इसके बीच में बना हुआ लेक पैलेस। यहां की सुन्दरता के भी क्या कहने। पहाड़ियों के नीचे एक बड़ी झील। झील के बीच में महलनुमा होटल। रंग संगमरमर। इसके चारों तरफ चलती नाव, स्टीमर एवं शिकारे। यह दृश्य देख श्रीनगर की याद आ गई। फिर भी श्रीनगर से अलग उदयपुर की एक खूबसूरत जगह। अगर झील के घाटों पर ध्यान दिया जाए तो इसके सौन्दर्य पर चार चांद लग सकते हैं।

झील के बीच में लेक पैलेस सुन्दर दिखता है। झील के किनारे हमने कुछ पल गुजारे। यहां पर्यटकों का आना–जाना लगा रहता है। कुछ विदेशी सैलानियों से मैंने बातचीत की और यहां से चल दिए। इतना कुछ देखने के बाद भी और भी बहुत कुछ देखने की इच्छा हो रही थी।

इसी झील के किनारे और जगदीश मंदिर के पास ही सिटी पैलेस बना हुआ है। यह यहां का प्रमुख दर्शनीय स्थल है। यह सुन्दर किला मेवाड़ में शाही अतीत की कहानी कहता प्रतीत होता है। भारतीय वास्तुकला के इतने सुन्दर नमूने देखने के बाद मुझे गर्व हो रहा था। यह देखने के लिए राजस्थान से अच्छी जगह और कौन सी हो सकती थी।

कुछ समय पहले तक जीवन के कुछ उतार चढ़ावों से मैं बहुत निराश हो गया था। सब बेरंग सा लगने लगा था मगर राजस्थान के इतने रंगों ने मानो मेरी जिंदगी के काले पन्नों को रंग दिया था।

जिन्दगी उतनी बेरंग नहीं होती जितना हम उसे समझते हैं या बना देते हैं।

काम के साथ रंगीले राजस्थान के दर्शन मुझमें उत्साह भर देते थे। यह पूर्णतया मेरे पर निर्भर था कि मैं वहां कैसे जी रहा था। इतना कुछ देखने की ललक और अन्दर का उत्साह मुझे थकने नहीं दे रहा था। हम दूधतलाई चल दिए।

शाम को बाजारों का आकर्षण बढ़ चुका था। पैदल ही हम यहां पहुंचे। हर जगह हर चीज से अपने को परिचित कराते हुए। यही पर है मशहूर प्वाइंट

रोपवे। रोपवे के पास सुन्दर पहाड़ियों एवं नीचे झील का नजारा खूबसूरत था। काफी भीड़ जुटी हुई थी। हम यहां देर शाम तक पिछोला झील बैठे रहे। एक खूबसूरत शाम। वक्त कभी लौट कर नहीं आता – मैं सोच रहा था। ऐसे पल हमें खुशी देते हैं। मन को आनंदित रखते हैं। ऐसे खूबसूरत पलों की तलाश में हमेशा जुटे रहना चाहिए।

मैं दूर ढलते सूरज को निहारता रहा, उसकी रोशनी मंद होती जा रही थी। वह कल फिर रोशन होगा उस तरफ से, एक नयी सुबह के साथ। बस समझ आ गया था कि हमारी जिंदगी भी तो ऐसी ही है। कल फिर सुबह होगी, फिर रोशनी होगी। जिंदगी उतनी बेरंग नहीं है जितना मैंने उसे बना दिया था। समझ गया कि मेरा 'आज' कठिन दौर से गुजर रहा है लेकिन 'कल' अवश्य ही चीजें मेरे अनुकूल होंगी। विश्वास करना होगा। खुद पर।

जिन्दगी तो सभी जीते हैं, लेकिन अच्छी कभी–कभी जीते हैं।

मैं वापस लौट आया। इस सोच के साथ कि जिंदगी तो सभी लोग जी रहे हैं अपने–अपने तरीके से। लेकिन अच्छी जिंदगी इनमें से कितने लोग जी रहे हैं। मैं स्वयं इनमें से एक नहीं था। सोचा कि करूंगा इसे जीने की एक छोटी सी कोशिश एक नये नजरिये के साथ।

उदयपुर के इतने से दर्शन ने मन मोह लिया था। जब भावनाएं काबू नहीं रहती तो फूटती हैं। कुछ लिखे शब्दों में, कुछ बोलकर। मुझसे भी रहा नहीं गया और कलम चला दीः–

क्या रूप है, क्या रंग है
कितना रंगीला है राजस्थान
घूम–घूम कर जाना मैंने
क्यों है इसकी शान,
मन करता है सौंदर्य की
इसकी ताल बजाउं
या गाऊं प्रशंसा के सुर

नगरी–नगरी घूमा मैं

पर, मन को भाया उदयपुर।

एक दिन और बीत गया। अगली सुबह हम उठे। शुभ बुधवार। राम नवमी का दिन। सुबह स्नान के बाद मंदिर जाकर भगवान के दर्शन दिए। मौत के बाद दूसरा बड़ा सच है ईश्वर और ईश्वरीय शक्ति। अतः भगवान को याद करना भी जरूरी है।

छुट्टी का दिन था, इसलिए कार्य नहीं हुआ। घूमना–फिरना भी नहीं। इस दिन सभी निजी काम निपटाए गए। कमरे में शांति छायी हुई थी। एकान्त में किताब आपकी सबसे अच्छी दोस्त बन सकती है। मैं भी कुछ देर तक पढ़ता रहा।

दोपहर लंच में एक बार फिर दाल–बाटी खाई। उदयपुर के खान–पान की बात करूं तो अब तक का अनुभव यही है कि यहां के लोग भी खाते भरपूर हैं। फास्ट फूड की घुसपैठ भले ही देशभर में हो गई है लेकिन हम अपने परंपरागत भोजन के स्वाद से दूर नहीं हुए हैं।

नमकीन और मीठा खाने की यहां भरमार देखी है। नाना प्रकार की नमकीन और मिठाई। बाजार में असंख्य दुकानें हैं और सभी की दुकानदारी चलती है। पोहा, कचौड़ी, प्याज वाली कचौड़ी, आलू बड़ा, मिर्ची पकौड़ा आदि कोने–कोने में दिखते हैं। मीठा खाने में भी लोग पीछे नहीं है। दाल बाटी, चूरमा परंपरागत फूड है और लोकप्रिय भी। लाल मिर्च का भरपूर उपयोग तो समूचे प्रदेश में ही है। शायद यही एक कारण हो सकता है कि इसके साथ मीठा, दूध और छाछ भी बराबर खाए जाते हैं।

फैशन के बारे में बताऊं तो कहना पड़ेगा कि राजस्थान के शहरों में भी आधुनिक पोशाकों की घुसपैठ जबरदस्त है। युवा वर्ग आधुनिक वेशभूषाओं को खुलेआम अपना चुका है। जींस, टी शर्ट, शार्ट कैपरी आदि की बाजारों में धूम है। यहां शहरों में युवाओं में पिछड़ापन दिखाई नहीं दिया। बल्कि ये तो महानगरों को भी फैशन के मामले में पीछे छोड़ने को बेताब हैं।

शहर में पारंपरिक कपड़े पहने महिलाओं की संख्या ज्यादा नहीं दिखती। आधुनिक साड़ियां ही नहीं बल्कि नार्थ में प्रचलित सूट–सलवार का भी यहां प्रचलन है और खूब है। वैसे नई–नई तकनीक, शिक्षा के प्रसार, औद्योगिकरण,

मोबाइल, इंटरनेट और सैटेलाइट चैनलों के समय में कोई नगर फैशन के मामले में पीछे कैसे रह सकता है।

इन दिनों मैंने यहां विशेषकर युवा लड़कियों को एक अनोखे स्टाइल में देखा जो मेरे लिए सरप्राइज था। मुंह और सिर को स्कार्फ से ढकना और पूरी बाजू को कपड़े से दस्तानों की तरह ढकना। जैसे आधुनिक अरबियन स्टाइल। शायद यह गर्मी और सूरज के तेज से त्वचा को जलने से बचाने का तरीका हो।

किसी के प्रति लगाव के बाद अलगाव के पल भावुक करते हैं। एक दिन और बीत जाने के बाद शहर को छोड़ने का समय नजदीक आ रहा था। मन भावुक था। कहां एक वक्त अपने शहर से दूर जाने को मन गवाही नहीं देता था और अब किसी दूसरे शहर में आकर यहां से जाने का अहसास मन को भावुक कर रहा था। यह यात्रा मुझे जीना सिखा रही थी। सोचा कि अब जिंदगी काटनी नहीं है, इसे जीना है, अच्छे से, अच्छी सोच के साथ। कोशिश तो करनी है। भले ही कठिन लगे।

उदयपुर से करीब 50–55 किलोमीटर दूर है नाथद्वारा। यहीं स्थित है प्राचीन श्रीनाथ जी मंदिर। नाथद्वारा राजसमंद जिले में आता है। आज हमें यहां जाना था।

बस से करीब सवा घंटे के सफ़र के बाद हम नाथद्वारा पहुंचे। उदयपुर से नाथद्वारा की यात्रा मजेदार रही। खूबसूरत और रोमांचक भी। उदयपुर से नाथद्वारा आने तक आपको पहाड़ियों से होकर गुजरना पड़ेगा। ऊंचे–ऊंचे पहाड़। घाटी और पहाड़ियों में टेढ़े–मेढ़े रास्ते रोमांच और उत्साह पैदा कर रहे थे। रास्ते में घाटी और पहाड़ियों के रास्ते मुझे वैष्णो देवी यात्रा से पूर्व जम्मू–कटरा की याद दिला रहे थे। मन में किसी हिल स्टेशन पर होने का अहसास हो रहा था। ठंड या गुलाबी ठंड के मौसम में यहां वाकई आनंद आता ही होगा।

मेरा मानना है कि राजस्थान इतना रंगीला, अनोखा, संजीला अद्‌भुत और खूबसूरत है कि यह आपको हर मौसम में अच्छा ही लगेगा। इसके विभिन्न रंग रूप इस राज्य को खास बनाते हैं। आधुनिकता के कदम इस राज्य में भले ही तेजी से पैर पसार रहे हों लेकिन यह सब इसके परंपरागत रूप रंग, प्राकृतिक छटा, जीवन शैली, इसकी शान, भव्यता, गौरव और शौर्य को फीका नहीं कर सकते।

मुझे लगता है कि भव्यता, वैभवता की दृष्टि से राजस्थान प्राचीन काल से ही आधुनिक रहा है। आधुनिकता और परंपरा में अनोखा सामंजस्य बना हुआ है।

अच्छे पलों में जीने का कोई भी मौका गंवाना नहीं चाहिए।

हम नाथद्वारा से कुछ दूरी पहले उपाली ओडन गांव उतर गए। चाय पीने के बाद हमने यहां स्थित एक कालेज में समय पर अपना कार्य निपटा लिया। हमें श्रीनाथ मंदिर दर्शन हेतु भी जाना था। हम यहां से एक आटो से नाथद्वारा बस स्टैंड पहुंचे। इतनी पास आने के बाद बिना दर्शन लौट आना मुझे ठीक नहीं लगता। मैं इन कुछ और खूबसूरत पलों को गंवाना नहीं चाहता था।

बस स्टैंड से पैदल ही हम मंदिर की ओर चल दिए जो यहां से ज्यादा दूर नहीं है। मैं राजस्थान की एक ओर तस्वीर करीब से देख पा रहा था।

श्रीनाथ जी यानी भगवान कृष्ण जी का मंदिर। एक तीर्थ स्थल। एक प्राचीन मंदिर। मंदिर में हर समय दर्शन नहीं किए जा सकते हैं। निर्धारित समय पर दर्शन हेतु कपाट खुलते हैं। कपाट खुलने में समय शेष था, अतः मैंने पास की दुकानों का जायजा लिया।

मंदिर के अन्दर कुछ भी ले जाना निषेध है। कपाट खुलते समय श्रद्धालुओं में भक्ति का जोश बढ़ रहा था। भीड़ ज्यादा थी। पुरुषों को पहले दर्शन हेतु जाने दिया गया। मंदिर परिसर जहां श्रीनाथ जी की मूर्ति स्थापित है वहां का दृश्य देखने लायक था। श्रद्धालुओं की भक्ति भावना चरम पर थी। भक्ति रस में डूबे हुए थे सभी। पल भर के दर्शन हेतु बेताब भक्त। इनमें मैं भी एक भक्त था। मन में पूरी खुशी और जोश। भगवान कृष्ण के इस रूप के दर्शन कर मैं अपने को बेहद सौभाग्यशाली समझ रहा था।

जिन्दगी के सफ़र में बहुत से अच्छे अनुभव होते हैं, कुछ बेहतर अनुभव होते हैं और कुछ बेहतर से बेहतर।

दर्शन करने के बाद मन बेहद प्रसन्न हो चुका था। भगवान कृष्ण के दर्शन कर ही नहीं बल्कि राजस्थान के एक और रूप रंग को प्रत्यक्ष देखा था मैंने।

मंदिर परिसर प्राचीन दिखता है। चारों दिशाओं से भक्त यहां दर्शन के लिए आते हैं। विशेषकर गुजरात से। मुझे दिखाई दिया कि श्रीनाथ गुजरातियों में खासे प्रिय हैं। गुजरात से बड़ी सख्या में श्रद्धालु यहां पहुंचते हैं। मेरी भी कई गुजरातियों से बातचीत हुई। शायद इसी कारण मंदिर के पास व बाजारों में राजस्थानी–गुजराती संस्कृति का मिश्रण नजर आया। गुजराती भाषा में साइन बोर्ड तक मैंने देखे यहां। भाषा और संस्कृतियों का मिलन अनूठा व सुन्दर दिखता है। तीर्थ स्थलों पर यह खास रूप से नजर आता है।

वाकई अनूठी है यह जगह। प्राचीन धर्म संस्कृति की छटा बिखरी पड़ी है। श्रद्धालु भी पूरे भक्ति भाव से यहां आते हैं। शायद उत्तर भारत के कम लोग ही इस तीर्थ स्थल के बारे में जानते होंगे।

श्रीनाथजी के मंदिर प्रवेश द्वार ने भी प्रभावित किया। यह बेहद प्राचीन व मजबूत द्वार है। इस दरवाजे के बीच में मोटी लोहे की नुकीलें बाहर निकली हुई हैं। अगर किसी बड़े जानवर द्वारा भी इसे बलपूर्वक तोड़ने की कोशिश हो तो यह संभव नहीं होगा। आज भी यह वैसा ही मजबूत दिखता है जैसे प्राचीन काल में रहा होगा।

सत्रहवीं शताब्दी के इस मंदिर का बड़ा आकर्षण यहां आने वाले भक्तों का मंदिर परिसर में श्रीनाथ जी के एक पल के दर्शन को लालायित दिखना और उनका भक्ति जोश चरम पर पहुंच जाना है।

आप दुनिया के किसी कोने में चले जाइए वहां का कोई न कोई बाजार व उसका आकर्षण आपका पीछा नहीं छोड़ेगा। यहां का बाजार दर्शन भी यादगार रहेगा। मंदिर के चारों ओर फैला बाजार लुभाता है। यहां बिकती कुछ चीजें जेबों में हाथ डालने पर मजबूर कर देती हैं। मैंने भी राधा–कृष्ण की छोटी सी लेकिन सुन्दर तस्वीर खरीदी।

कई लोग व्यर्थ घूमते हैं। कुछ सिर्फ घूमते हैं और कुछ घूमते हैं कुछ पाने के लिए। मैं यहां व्यर्थ घूमना नहीं चाहता था। तीर्थ स्थल के सुन्दर दर्शन के बाद हम लौट चले। हर गली, बाजार, नुक्कड़ को करीब से देखते हुए। मन किया कि एक कप चाय की चुस्की ली जाए।

बस स्टैंड के पास ही एक छोटी सी दुकान पर हमने चाय आर्डर की। कई बार सुना है–दाने–दाने पर लिखा है खाने वाले का नाम और कुछ चीजें किस्मत में लिखी होती हैं। चाय पीना एक बहाना था, मैं छोटी से छोटी चीज को करीब से देखना और उसका आनन्द लेना चाहता था।

पतीले में चाय उबल रही थी। उसमें से वाह–वाह खुशबू आ रही थी। मेरी नजर चाय बनाने वाले के हाथों पर गई। चाय में डलने वाली कई चीजों का मिश्रण वह चाय में डाल रहा था। बस यही मिश्रण चाय की जान था। हमने चाय की चुस्की ली। पीते ही मजा आ गया।

जिंदगी में बहुत से अनुभव पहली बार होते हैं। अब तक के सफ़र में इस सबसे अधिक स्वादिष्ट चाय के स्वाद का अनुभव मैं प्राप्त कर रहा था। मैंने उस चाय वाले के प्रति आभार प्रकट किया और वापस लौट चले।

नाथद्वारा भ्रमण और श्रीनाथ जी के दर्शन यादगार बने रहेंगे। हम यहां हल्दीघाटी नहीं जा सके जो यहां से करीब 21 किलोमीटर दूर है। हल्दीघाटी को आप मेवाड़ संस्कृति या राजस्थान के शौर्य, वीरता की धरती के रूप में देख सकते हैं। यह एक युद्ध स्थल रहा है। यहां महाराणा प्रताप ने मुगलों से लड़ाइया लड़ी थीं। इसी धरती पर राजस्थान की आन–बान शान की सुरक्षा के लिए कई बार खून बहा है। राजस्थान के 'साहस' के बाबत कुछ लाइनें लिखी गई हैं–

मेवाड़ धधकतो अंगारो
आंध्या में चमचम चमकै लो,
कड़खै री उठती ताना पर
पग–पग पर खांडो खड़कैलो।
राखो थे मूंछया मौ ड्योड़ी।
लोही री नदी बहा दयूं ला,
हूं अथक लडूंला अकबर स्यूं
उजड़यो मेवाड़ बसा दयूं ला।

जिन्दगी के इस सदाबहार सफ़र का एक और यादगार दिन समाप्ति की ओर था। यह एक बेहतर अनुभवों में से एक था। उदयपुर वापस लौटते हुए अंधेरा हो चुका था।

जब सफ़र में आनन्द आ रहा हो तो उसे थमने नहीं देना चाहिए। दिन भर की थकान के बाद भी मैं फिर से बाजार घूमने निकल पड़ा। अच्छे से जानता था कि यहां से विदा लेने का समय आ गया है।

रंगीन शाम का मजा लेने के लिए मैं पैदल ही टहलता रहा। उदयपुर यात्रा में अंतिम दर्शन मैं कर लेना चाहता था। मैंने शहर और शहर के लोगों से आत्मीयता कायम कर ली थी। मैं काफी देर तक घूमता रहा। शाम को शहर खूबसूरत दिखते हैं। उदयपुर भी चमक रहा था।

जिंदगी करीब–करीब वैसी ही होती है जैसी आप इसे जीना चाहते हैं।

इस सफ़र से पहले मुझमें जो डर सा पैदा किया गया था वह आज एक खूबसूरत यादगार अनुभव में बदल चुका था। सफ़र शुरू होते ही मैंने अपनी सोच बदलते हुए ठान लिया था कि रास्तों में मुझे जो कुछ भी मिलेगा मैं उसे सहर्ष स्वीकार करूंगा। जिंदगी वैसी ही होती है जैसी आप इसे जीना चाहते हैं। यह आप पर और आपकी सोच पर निर्भर है कि इसे आप कितना खराब और कितनी बेहतर बनाते हैं।

राजस्थान प्रदेश में देखने लायक बहुत कुछ है लेकिन समय के अभाव में आप सभी कुछ नहीं देख सकते। मुझे उदयपुर में कुंभलगढ़ और माऊंट आबू के बारे में बताया गया। मुझसे कहा गया कि इतनी दूर आने के बाद कुंभलगढ़ या माऊंट आबू भी घूम आते। पर हमारी मजबूरी थी। हमें यही से लौटना था।

माऊंट आबू को लोग राजस्थान का कश्मीर कहते हैं। माऊंट आबू सिरोही जिले में है जो गुजरात की सीमा से सटा हुआ है। पालनपुर यहां से नजदीक है।

माऊंट आबू हरी–भरी पहाड़ियों के बीच बसा एक सुन्दर पर्यटन स्थल है। पेड़–पौधों से भरी पहाड़ियों के कारण यहां का मौसम सुहावना व ठंडा रहता है। सर्दी के दिनों में तो यहां की झीलें भी जम जाती हैं। इस दृष्टि से राजस्थान जैसे प्रदेश में यह अनोखी जगह है। इतनी विभिन्नताएं राजस्थान में ही देखने को मिलती हैं।

यह एक प्रसिद्ध व लोकप्रिय स्थल है। यहां बड़ी तादाद में लोग घूमने आते हैं। गुजरात से सटा होने के कारण यहां से भी बड़ी संख्या में पर्यटक आते हैं। सुना है एक खूबसूरत जगह है। एक पसंदीदा हनीमून प्वाइंट भी।

यह एक हनीमून प्वाइंट तो है ही। एक खूबसूरत व शांत जगह के कारण घूमने के लिए भी अच्छा स्थान है। वहीं यहां कई मंदिर होने के कारण पर्यटक इनमें दर्शनों हेतु भी पहुंच सकते हैं। 11वीं और 13वीं शताब्दी के बने जैन मंदिरों को अद्भुत स्थापत्य कला और शिल्प कला के लिए जाना जाता है। इसके अलावा गोमुख मंदिर, अधर देवी मंदिर और रघुनाथ जी मंदिर में दर्शन भी यहां आने का बहाना हो सकते हैं।

कहते हैं कि यहां अजीबोगरीब चट्टाने भी आकर्षित करती हैं। माऊंट आबू में सनसैट प्वाइंट भी है जहां अरावली की पहाड़ियों के पीछे डूबते सूरज के मनमोहक दृश्य को देखने के लिए लोगों की भीड़ जुटती है।

इन सबके अलावा पहाड़ियों के बीच नक्की झील लोगों के आकर्षक का प्रमुख केन्द्र हो सकती है। वैसे सुन्दर झीलों के आकर्षण से कोई नहीं बच पाता।

कहते हैं कि माऊंट आबू साधु–संतों का निवास स्थान भी रहा है। कहा जाता है कि प्रसिद्ध संत वशिष्ठ ने राक्षसों का विनाश करने के लिए यज्ञ कर अग्निकुंड से चार अग्निकुल राजपूत वंशों को उत्पन्न किया था।

मैं कुंभलगढ़ नहीं जा सका। मुझे बताया गया कि कुंभलगढ़ का किला काफी विशाल है जो आपको मोहित कर सकता है।

कुंभलगढ़ उदयपुर के उत्तर–पश्चिम में करीब 40 किलोमीटर की दूरी पर स्थित है। इस किले का निर्माण 15वीं शताब्दी में महाराणा कुंभा ने किया था। अतीत का गौरव यह किला अरावली पर्वतमाला के बीच स्थित है।

चित्तौड़गढ़ किले की विशालता ने मुझे आश्चर्यचकित किया था लेकिन कहा जाता है कि कुंभलगढ़ का दुर्ग बेहद विशाल है जो करीब 36 किलोमीटर लंबी दीवार से घिरा हुआ है। सचमुच सिर्फ कुंभलगढ़ ही नहीं मुझे लगता है कि समूचा राजस्थान ऐसे विशाल एवं मजबूत किलों का गढ़ है।

महाराजा उदय सिंह का बचपन कुंभलगढ़ में ही बीता था। जब वह छोटे थे और उनके पिता की मृत्यु हो जाने के कारण उनके परिजन गद्दी पर कब्जा

जमाने के उद्देश्य से उनकी हत्या की साजिश रच रहे थे। राजकुमार उदय सिंह के जीवन की रक्षा के लिए उनकी आया ने उन्हें बूंदी से लाकर यहीं छिपाया था। बड़े होने के बाद वह मेवाड़ की गद्दी पर बैठे। झीलों के शहर उदयपुर को उदय सिंह ने ही स्थापित किया था।

दुर्भाग्य से मैं इन जगहों पर नहीं जा सका। ऐसा होता है। एक सफ़र में कई रास्ते आते हैं और हरेक पर जाना संभव नहीं होता।

मैंने कहीं पढ़ा था– जिंदगी मोबाइल फोन नहीं है जिसमें मनपसंद गाने सैट हो जाएं, यह तो रेडियो की तरह है जहां हमें इसकी फ्रीक्वेंसी के अनुसार तालमेल बिठाना पड़ता है।

जिन्दगी के इस पहले लम्बे सफ़र में मेरे साथ भी ऐसा ही हुआ। मैं मन मुताबिक सब कुछ पाने की इच्छा को घर छोड़ आया था। मुझे यहां जैसा भी माहौल मिला मैंने अपने को उसी के अनुसार ढालने की पूरी कोशिश की। इसलिए पूरे सफ़र में मुझे शायद ही कहीं कोई परेशानी महसूस हुई हो।

जीवन बरसों तक मिलता है जबकि मृत्यु एक पल में।

एक क्षण में हम संसार छोड़ देते हैं और बरसों की जिन्दगी में भरपूर जीने के सैकड़ों अवसर हमें मिलते हैं। तो इन्हें क्यों गंवाए? मैं भी कोई मौका गंवाना नहीं चाहता था। हालांकि अवसर गंवाने की गलतियां मैं कई बार कर चुका था लेकिन कहते हैं न कि जब जागो तभी सवेरा।

उदयपुर का सफ़र बस यहीं तक था। रात हो गई थी। इस शहर में अंतिम डिनर करने के बाद तैयारी थी शहर छोड़ने की।. जाना था एक नये शहर की ओर। शहर है जोधपुर। मैं भावुक था। आखिर देर रात तक हम शहर छोड़ चुके थे।

सुकरात का एक कथन है – सिर्फ एक शब्द हमें जिन्दगी के तमाम दर्द से आजादी दे सकता है और वह है प्यार।

प्यार किसी से भी हो जाता है। शायद यह यहां के लोगों और संस्कृति के प्रति प्रेम भाव ही था जो मुझे कभी थकने नहीं दे रहा था। अगर होती थी तो हावी नहीं होती, महसूस नहीं होती थी। निरंतर काम करने के बाद भी घूमने के प्रति उत्साह कायम था। कुछ पलों के लिए मैं उस दर्द को भूल गया था जो मैंने हाल ही में झेला था। यह कौन सी शक्ति थी? यह प्यार था शहर के प्रति, प्रकृति के लिए, लोगों, संस्कृति के प्रति। और अब जिंदगी के प्रति।

एक खूबसूरत मारवाड़ी रंग

रात भर के सफ़र के बाद हम सुबह साढ़े चार बजे ही जोधपुर पहुंच गए। नई सुबह और एक नया शहर। कुछ समय हमने बस अड्डे पर ही बिताया। एक कप चाय पी। शहर की पहली चाय की पहली चुस्की। भोर होते ही हम आटो से नई सड़क पहुंच गए।

सुबह नाश्ते के बाद हम एमबीएम इंजीनियरिंग कालेज चले गए। सोजती गेट चौराहे से होते हुए कुछ मिनटों में कालेज पहुंच गए। यह कार्य का पहला दिन था। वापसी में यहां एक चीज अनोखी लगी। कालेज सहित कई घरों की इमारतों में लाल पत्थरों का इस्तेमाल था। जैसे किले सी इमारत। इस शहर में भी महल हैं, हवेलिया हैं और किले भी और शाही आधुनिक परंपरा का अंदाज भी। यह शहर भी दौड़ रहा है अन्य शहरों की तरह।

मुझे होटल की खिड़की से जोधपुर शहर दिखाई दे रहा था। सामने एक विशाल किला भी दिखाई दे रहा था। मुझे बताया गया कि यही है मेहरानगढ़ किला। नीचे नई सड़क व घंटाघर के आसपास बाजार व वहां की भीड़ और विदेशी पर्यटकों का आना–जाना मुझे घूमने के लिए आकर्षित कर रहा था। लेकिन पहली शाम को हम कहीं घूमने नहीं गए। शाम को डिनर में मारवाड़ी थाली का लुत्फ उठाया। एक ही दिन में मैं शहर के मिजाज को भांप नहीं सकता था। डिनर के बाद हमेशा की तरह हमने गर्म दूध की तलाश शुरू कर दी। घंटाघर के पास हमें दूध मिल गया।

तलाश आपकी सच्ची है तो कोई भी चीज आपको मिल जाती है। यह तो फिर भी दूध था। देर शाम तक दूध वाले के पास ग्राहकों की भीड़ थी। जैसे किसी नुक्कड़ पर कोई पंचायत सजी है। सभी अपनी बातों में मशगूल हैं। कढ़ाही में पका कांच के गिलास में भूरा, गर्म दूध और उसके ऊपर मलाई, मैंने तो सुड़क–सुड़क कर दूध पिया। मजा आ गया।

अगले दिन हम शहर से बाहर बाड़मेर रोड स्थित कालेजों में गए। इस कारण शहर को और जानने का मौका भी मिला।

पहले दिन जिन इमारतों ने मुझे प्रभावित किया था उनको आज भी मैं मानो स्पष्ट देख पा रहा था। मुझे यकीन हो रहा था कि यह इस शहर की विलक्षणता है जो इसे खास बनाती है। यहा कई इमारतें व अधिकांश घरों की दीवारें लाल सफेद पत्थरों से बनाई गई हैं। लाल, गुलाबी घरों, इमारतों की संख्या कम नहीं है। ईटों की बजाए प्रचुरता से लाल पत्थरों का इस्तेमाल किया गया है। जयपुर को पिंक सिटी कहा जाता है लेकिन यह भी लाल गुलाबी शहर लगता है।

इमारतों में पत्थरों का इस्तेमाल यहां के कई शहरों की विशेषता है। यही पत्थर जोधपुर को एक और रूप देते हैं। सजीव इंसान आखिर मर जाते हैं लेकिन निर्जीव पत्थर हमेशा जिन्दा रहते हैं, अगर इनका ऐसा प्रयोग किया गया हो। मानो ये पत्थर बोलते हैं। इनकी सुन्दरता बोलती है। मैंने यह देखा, सुना, इनके करीब आकर।

शाम को मन घूमने को हुआ। मैं पैदल ही सोजती गेट पहुंचा। यहां से नई सड़क मार्केट। नई सड़क में कई बड़ी दुकानें हैं। यहां बिकने वाली चीजें लुभाती हैं। मैं बाजार घूम रहा था, साथ यहां की संस्कृति में घुलने–मिलने को कोशिश भी थी।

बाजार की रौनक आकर्षित कर रही थी। मुझसे रहा नहीं गया। मैंने यहां से खूबसूरत चूड़ियां और जोधपुरी चप्पलें खरीदीं। मैं बढ़ता जा रहा था। थोड़ी देर में मैं घंटाघर चौराहे पहुंच गया। यह काफी भीड़ वाला इलाका है। घनी आबादी।

चारों तरफ दुकानें, खोमचे, रेहड़ी वाले दिखाई दिए। तांगे वाले भी। इस जमाने में भी तांगे वाले रोजी रोटी चला रहे हैं। यहीं मैंने एक कप चाय पी। मजा आ गया। अब मैं तरोताजा महसूस कर रहा था।

सामने ही किलेनुमा गेट दिखाई दिया। लिखा था–सरदार मार्केट–गिरदी कोट। मन अन्दर जाने को हुआ। अन्दर प्रवेश करते ही घंटाघर की खूबसूरती से सामना हुआ। लाइट में चमक रहा था। प्राचीन इस इमारत की मजबूती बिना बताए हुए ही मालूम होती है। यहीं पत्थर यहां की इमारतों को अनूठा बनाते हैं।

सरदार मार्केट एक प्राचीन सा बाजार लगता है। आज भी शायद वैसा ही। एक अनूठी मार्किट है। बीचों–बीच घंटाघर है। रेहड़ी–पटरी वाले भी दुकानें सजाए हुए हैं। यहां कई विदेशी पर्यटक घूमते मिल जाएंगे।

यहां पास में घनी आबादी वाली बस्ती है। प्राचीन सी। यह बस्ती ऐतिहासिक विशाल मेहरानगढ़ किले के नीचे बसी हुई है। अगर बस्ती से किले को देखा जाए तो गर्दन उठानी पड़ेगी। सब कुछ प्राचीन सा लग रहा था यहां। पुराने घर प्राचीन दरवाजे। शायद राजशाही के जमाने के। ठेठ राजस्थानी संस्कृति के बीचों–बीच पहुंच गया था मैं।

दो दिन शहर घूमने के बाद इतना तो कहा जा सकता है कि मारवाड़ी संस्कृति की झलक है यहां, परंपरागत पोशाकों में महिलाएं भी दिखी और आधुनिक पहनावे में युवा भी। इसमें कोई शक नहीं कि आधुनिकता का असर देश के कोने–कोने में हो रहा है और राजस्थान भी इससे अछूता नहीं है। जोधपुर भी एक बड़े शहर की तरह है जहां के युवा उड़ने को बेताब हैं।

जैसा कि पहले भी बता चुका हूं कि राजस्थान के कई रूप रंग हैं और जोधपुर में भी एक अलग रंग बिखरा हुआ है। उदपुर से भी अलग। मानो हर शहर कुछ कहता है। शहर के किले, इमारतें, महल, यहां की कलात्मक रंगीन पोशाकें, हस्तकलाएं, लोक नृत्य यहां के लोग और इनका लाइफ स्टाइल काफी कुछ निराला है।

कहीं पढ़ा है कि विफलता ईश्वर के वरदान की तरह है जो यह संकेत देती है कि शायद आप गलत राह पर हैं।

मैं भी कुछ साल पहले तक एक बेहद महत्वाकांक्षी युवक था। मैं जिस रास्ते पर चल रहा था वहां कई असफलताओं से जूझना पड़ा। मैं काफी निराश रहता था। ज्यादा तनाव के कारण मुझे बीमारियों ने भी घेर लिया था। आर्थिक तंगी का डर तनाव और बढ़ा देता था। मैं अपने को किसी भंवर में फंसा पाता था। यह सब तब तक चलता रहा जब तक मैंने अपना नजरिया नहीं बदला। अच्छे दोस्तों और अच्छी किताबों ने मुझे नई जिन्दगी दी। नई सोच दी। नये रास्ते सुझाए। मैं बदलता गया और मेरा जीवन, जीवनशैली सुधरती गयी।

रास्ता बदलने का सबसे बड़ा परिणाम रहा राजस्थान का सफ़र। मैंने इस सफ़र में भरपूर जीने की पूरी कोशिश की। काफी कुछ सीखा, प्राप्त किया। मेरे लिए यह एक उपलब्धि ही थी।

मेरा यह सफ़र जारी था। जोश बरकरार था और कई नये अनुभव प्राप्त करने बाकी थे। नयी जगह, नये रास्ते और कुछ पाने की लालसा। रुकना कौन चाहता था।

अगले दिन हमने समय निकाला। मेहरानगढ़ किला घूमने का मन किया। यहां पहुंचने के लिए वैसे तो सड़क मार्ग भी है लेकिन मैंने गिरदी कोट घंटाघर व बस्ती के रास्ते से जाने का फैसला किया। मेरा फैसला सही था वरना मैं इस बस्ती और यहां बने प्राचीन घरों को देखने से वंचित रह जाता।

मेहरानगढ़ किला पहाड़ी पर स्थित है इसलिए हमें बस्ती से गुजरते हुए कुछ चढ़ाई भी चढ़नी पड़ी। इस तरह से यहां पहुंचना एक रोमांचकारी अनुभव था। किले के ठीक नीचे आकर मुझे लगने लगा जैसे मुझे किसी विशालकाय जीव ने अपने आगोश में ले लिया हो। जैसे–जैसे मैं घुमावदार रास्तों से बढ़ता गया किले के प्रति मेरी उत्सुकता भी बढ़ती गई। हमें घंटाघर से पैदल यहां पहुंचने में करीब 15–20 मिनट लगे।

इतना विशाल दुर्ग। मेरी आंखें टकटकी लगाए विशाल मजबूत दीवारों को निहारने लगी। जैसे इतिहास जिन्दा खड़ा है। एक विशालकाय इतिहास।

मैं सोचने लगा कि जोधपुर के इस गौरव को मैं कितनी नजदीक से देख पा रहा हूं। लेकिन अभी बहुत कुछ आंखों के सामने आना बाकी था। प्राचीन विशाल द्वार, महल की छोटी–छोटी सुन्दर खिड़कियां मेरी उत्सुकता को लगातार बढ़ा रहे थे।

थोड़ी देर बाद हम म्यूजियम में प्रवेश कर गए। महल के अन्दर ही बने संग्रहालय में भारतीय राजवंश के साजो सागान के साक्षात दर्शन कर मैं गदगद हो उठा।

कभी–कभी हम ऐसी चीजों को अपने सामने पाते हैं जिसकी शायद ही कभी कल्पना की हो।

राजशाही अतीत के सबूत हाथी के होदे, पालकियां मैंने देखी। संस्कृत में पालकी को 'शिविका' कहते हैं। छोटी पालकियां भी देखी जिन्हें डोली या डोला

कहा जाता था। छोटी पालकी में रानियां ही बैठती थीं जबकि बड़ी पालकियों में प्रायः पुरुष ही सवार होते थे।

जब मैंने शस्त्रखाना में प्रवेश किया तो मैं इतने प्राचीन शस्त्रों, युद्ध के सामानों को देख कर चकित रह गया। तलवारें, चाकू, गुप्ती, ढाल, टोप, बंदूकें, भाले आदि। इतनी संख्या में प्राचीन हथियारों के इतने करीब से दर्शन जीवन में पहली बार किए।

इनके अलावा अन्य म्यूजियम में कई चीजें जैसे श्रृगार मंजुशा (पेटी), हुक्के के निचले भाग, मीर ए फर्श (बिछायत के कोनों पर रखने हेतु चांदी की बनी जोड़े) आदि लुभा रही थीं।

मैंने यहां काफी समय गुजारा और भव्य महल और म्यूजियम में रखी चीजों को करीब से देखता रहा। यहां फूल महल, शीश महल जैसे राठौड़ राजवंश के वैभव की गाथा सुनाते प्रतीत होते हैं।

अच्छे अनुभवों को हमेशा बांटना चाहिए। मेरा भी यही उद्देश्य है। ऐसे अद्भुत, विस्मयकारी नक्काशीदार खिड़कियों, महल और इनके सौंदर्य को मैंने शायद सिर्फ टीवी, फिल्मों में ही कभी देखा हो।

अनुकूल समय में प्राप्त खुशी को दोगुना करने में जुट जाना चाहिए।

महल की छोटी–छोटी खिड़कियों से झांकने का सुन्दर अनुभव मैं प्राप्त कर रहा था। इसे और बढ़ाने का कोई मौका मैं नहीं गंवा रहा था। जब यह यकीन हो जाए कि वर्तमान समय आपके अनुकुल है, आपको खुशी दे रहा है तो तुरन्त उस वक्त को, खुशी को और बढ़ाने और उसे और खूबसूरत बनाने में लग जाना चाहिए।

यहां स्थित फूल महल वाकई आकर्षित करता है। इसे महाराज अभय सिंह ने 1724 में बनवाया था। महल के अन्दर तखत विलास जो महाराजा तखत सिंह (1843–73) का शयन कक्ष है, और महल में ही सजे दरबार इतिहास को जीवित रखे हुए हैं।

यह सब देखने के बाद मैं किले की सबसे ऊंचाई पर गया। यहां लाइन से तोप लगी हुई हैं। शानदार तोपें। यहां पहुंच समूचे शहर को देखा जा सकता

है। इतनी ऊंचाई से शहर को निहारना रोमांचित कर रहा था। किले की प्राचीर से सामने जसवंत थड़ा दिखाई दे रहा था। सफेद संगमरमर से बने इस स्मारक को महाराज जसवंत सिंह द्वितीय की याद में 1899 ईसवीं में बनाया गया था। इस स्मारक में जोधपुर के विभिन्न शासकों के चित्र हैं और उनके इतिहास की जानकारी भी यहां मिलती है।

इसके अलावा यहीं से दूर उम्मेद भवन पैलेस भी नजर आ रहा था। मुझे बताया गया कि यह पैलेस भी एक सुन्दर एवं समृद्ध भवन है जिसके एक हिस्से को होटल में बदल दिया गया है। पैलेस में एक म्यूजियम भी है।

मेहरानगढ़ किले की इतनी ऊंचाई पर पहुंच मुझे मजा आ गया। इतनी ऊंचाई पर और इतना विशाल दुर्ग सिर्फ राजस्थान में ही हो सकता है। यह वाकई बेहद विशाल है। किले में मां चामुण्डा देवी का मंदिर भी है जहां शहर और शहर के बाहर से भी लोग दर्शन हेतु पहुंचते हैं।

इस किले का निर्माण मारवाड़ राज्य के अधिष्ठाता राठौड़ राजवंश के 15वें शासक राव जोधा ने 1459 ई. में किया था। इतने वर्ष बीतने के बाद भी यह बेहद विशाल, अद्‌भुत दुर्ग उस वैभवशाली इतिहास को जैसे जिन्दा किए हुए हैं।

ये यादगाार पल थे। इस एक और खूबसूरत अनुभव के साथ हम उसी रास्ते वापस आ गए। वापस रास्ते में घंटाघर स्थित बाजार के पास पहुंचे। यहां आसपास के बाजार के आकर्षण से आसानी से नहीं बच सकते, इसमें आपकी जेब ढीली करने की ताकत है।

मैं यहां अपनी जुबान के एक मीठे और स्वाद अनुभव को जरूर बताना चाहूंगा। गिरदी कोट गेट के ठीक बायें तरफ रौनक है श्रीराम टी. स्टाल। दिखने में साधारण लेकिन यहां की चाय का स्वाद मुझे शायद समूचे राजस्थान में कहीं नहीं मिला। जितना अनूठा यहां की चाय का स्वाद है उतना ही अनोखा तरीका चाय बनाने का है।

कोयले की आग से सुलगते चूल्हों पर एक में काहवा (ब्लैक टी) और दूसरे पर दूध उबलता हुआ। गर्म, कढ़ा दूध निकाला, थोड़ी चाय काहवा मिलाया और तैयार हो गई गर्मागर्मा स्वादिष्ट चाय। मेरे लिए तो नंबर एक चाय। यहीं पर मलाईदार कढ़ा गर्म दूध भी मस्त कर देता है। मेरी तो सभी को एक सलाह है

कि अगर आप दुनिया के किसी कोने में क्यों न जाए, अगर आपका पेट गवाही दे तो वहां के खान–पान का उंगलियां चाट चाट कर मजा लें।

कचौड़ी, मिर्ची बड़ा तो हर जगह बिकता है। जोधपुर के खान–पान में भी एक तरह संतुलन है। खाने में लाल मिर्च का जमकर इस्तेमाल होता है। तीखा खाना पसंद करते हैं लेकिन संतुलन में मीठा भी खाते हैं। सब्जियों दाल में सौंफ, जीरा, अजवाइन, नींबू, प्याज आदि का इस्तेमाल होता है। दही–छाछ भी खूब चलती है। इतना घूमने के बाद हम वापस आ गए। एक और खूबसूरत दिन गुजर गया।

कभी–कभी हम किसी बात या ज्ञान को जीवित साक्षात देख लेते हैं।

एक दिन हम पाली रोड स्थित गांव कुड़ी होद में थे। चटक धूप निकली हुई थी। यहां हम एक कालेज कैम्पस में गए थे। वापसी में हम संकरे लेकिन पक्के रोड से गुजर रहे थे। हमने एक कप चाय पीने का फैसला लिया।

इस दौरान मेरी नजर सामने से आते एक गडरिये पर गई जो अपनी भेड़ों के साथ उस छोटी सड़क से ही गुजर रहा था। बिल्कुल ग्रामीण पोशाक पहने गडरिया भेड़ें हांक रहा था। इतनी बड़ी संख्या में भेड़ चराते किसी गडरिये को मैंने पहली बार देखा था। ऐसा नहीं है कि मैंने कभी किसी को भेड़–बकरी चराते नहीं देखा लेकिन इतनी संख्या में भेड़ें पहली बार देखी। एक लंबी कतार। बड़ी सुन्दर लग रही थी। गिन नहीं पाया लेकिन संख्या बहुत ज्यादा थी।

भेड़ के पीछे भेड़ लाइन में चल रही थी। एक सी भेड़। भेड़ के पीछे भेड़। पता ही नहीं चल रहा था कौन किसके आगे–पीछे है। इन्हें कहां जाना है, शायद इन्हें खुद नहीं मालूम, बस चलना है, आगे वाली भेड़ के कदमों का पीछा करते हुए। भेड़ चाल चलने वाली कहावत मुझे याद आ गई जो यहां ये सामने साक्षात देख पा रहा था। ऐसे दृश्य तो मैंने सिर्फ टी.वी. फिल्मों में ही देखे थे।

कोई सीख लेने का न तो कोई निश्चित समय होता है और न ही कोई निश्चित जगह।

मुझे तो लग रहा था मैं हर दिन कुछ नया प्राप्त कर रहा हूं। वाकई थोड़ी सी सोच बदलकर मैंने छोटे सफ़र की जिन्दगी को कितना बड़ा बना लिया था। किसी की कमजोरी कभी–कभी किसी अन्य के लिए ताकत साबित होती है। मेरी टीम का कोई सदस्य राजस्थान आना नहीं चाहता था, अन्ततः मुझे चुना गया। कुछ सोच–विचार के बाद मैंने भी दृढ़ निश्चय किया और राजस्थान का यह सफ़र शुरू हुआ। जैसे–जैसे मैं अच्छा सोचता गया, मेरी यात्रा खूबसूरत और मजेदार होती गई।

मुझे एक सीख यह भी मिली कि आपका मन और दिमाग आपको जिंदगी में बहुत कुछ दिला भी सकते हैं और बहुत कुछ छीन भी सकते हैं। इसलिए दोनों पर संतुलन और नियंत्रण आवश्यक है। कोई सीख को कभी भी, कहीं भी हासिल किया जा सकता है।

सफ़र का मजा लूटने का एक तरीका यह भी है कि अपने आपको किसी चारदीवारी या सीमा में बांध कर न रखो। सुस्त पलों में भी जान फूंकने की कोशिश करो। शायद यही कारण था कि मैंने अब तक के सफ़र को उबाऊ नहीं होने दिया।

नई सड़क, घंटा घर तक बाजारों और आसपास चहल–पहल व रौनक रहती है। शाम को मन टहलने का करता है। हवा अच्छी चल रही थी। मैं होटल से बाहर निकल आया। किसी संस्कृति या लोगों के मिजाज को जानने के लिए उनके काफी करीब जाना पड़ता है। मैं इधर–उधर टहलता रहा। मुझे एक गोल गप्पे की दुकान नजर आई। वहां मर्दों की भीड़ ज्यादा थी। मुझे यह दृश्य अलग लगा। दिल्ली में चटपटी चीजों या इनकी दुकानों पर मैंने ज्यादातर महिलाओं की भीड़ देखी है। मैं भी उस भीड़ का हिस्सा बन गया। थोड़ी देर में मेरा नंबर आया। चटपटे हरे पानी से भरे गोल–गप्पों का मैंने भरपूर स्वाद चखा।

इस दौरान मेरी नजर कुछ महिलाओं के समूह पर गई। वे परंपरागत साड़ियों से सजी हुई थीं। पूरी जोधपुरी पोशाकों में। किसी शादी–समारोह में

जा रही थीं। यह भी जोधपुर की एक खूबसरती थी। राजस्थान का जोधपुरी रंग। वैसे जोधपुर शहर की जीवनशैली यानी लाइफ स्टाइल मोहित करने वाला है। मेवाड़ संस्कृति से अलग मैं अब पूरी तरह मारवाड़ी संस्कृति की खूबसूरती में घुल–मिल चुका था।

जोधपुरी की संस्कृति दुनियाभर में प्रसिद्ध है। घेरदार लहंगा पहने महिलाएं और पुरुषों द्वारा पहनी रंगीन पगड़ियां देख लगता है कि आप राजस्थान के बीचों बीच खड़े हैं। मारवाड़ की शान और मूछों की तान का एक निराला रूप यहीं जोधपुर में देखने को मिलता है। ऊपर से ढीली और नीचे से कसी घुड़सवारी की पेंट यही से पापुलर हुई है।

मैं देर शाम तक बाजार व आसपास घूमता रहा। किसी लोक संस्कृति को इतने करीब से छूने का सुखद अहसास मुझे हो रहा था। अब मैं भी इस संस्कृति का हिस्सा था, ऐसा अनुभव मैं कर रहा था। मैं प्रेमपूर्वक हर पल का आनन्द लेता हुआ बढ़ता रहा।

जब आपके अन्दर की प्रेम भावना किसी भी रूप में बाहर आती है तो प्रेम का अनुभव, इसका आनन्द दोगुना हो जाता है।

मैं अपने इस प्रेम का इजहार कलम और कागज की मदद से शब्दों के रूप में करता रहता। शाम काफी हो चुकी थी। मैं होटल की बालकनी पर बैठा रोशनी से नहाए जोधपुर शहर को देख रहा था। ऊंचाई पर रोशनी में मेहरानगढ़ किला ज्यादा चमकदार व खूबसूरत दिखाई दे रहा था।

जोधपुर शहर में कुछ दिन हो गए थे। इस शहर में मेरा अन्तिम दिन था। सुबह स्नान के बाद मैं नाश्ते के लिए बाहर निकल आया। मैं आखिरी दिन कुछ विशेष खाना चाहता था। मैं रेहड़ी पर लगे एक परांठे वाले के पास गया। परांठे के अलावा उसके पास एक खास डिश थी। नाम था कबुली। नाम पहली बार सुना। मैंने आर्डर कर दिया।

कुछ ही पलों में प्लेट में परोस दिए गए थे चावल, जिसमें कुछ सब्जियां मिली हुई थीं। बिरयानी की तरह। साथ में लाल हरी चटनी। इस विशेष नाश्ते को खाने के बाद मजा आ गया। स्वादिष्ट। इसके बाद घंटाघर के पास श्रीराम चाय वाले की चाय की चुस्कियों ने सोने पे सुहागा कर दिया।

इस यादगार नाश्ते के बाद हम काम के लिए चल दिए। हमें लाचू मेमोरियल कालेज जाना था। थोड़ी देर में हम कालेज पहुंच गए। इस काम के बहाने मुझे एक बार फिर शहर के एक और रूप के दर्शन हो गए। इस दौरान मैंने शहर में स्थित कई पॉश कालोनियों को देखा। जिस कालेज में हम गए वह एक शांत और पॉश इलाके में था। मैं फिर कहूंगा इस शहर की इमारतें इसे एक बेहद अलग रूप देती हैं। राजस्थान के विभिन्न शहरों का सफ़र मैं कर चुका था और हर शहर का एक अलग रंग, अलग मिजाज। वाकई हर शहर कुछ कहता है।

दोपहर तक हम वापस आ गए। लंच में क्या खाया जाए, सोचने लगे। बेसन का गट्टा और राजस्थानी थाली फाइनल हुआ। मैंने बेसन के गट्टे का लुत्फ लिया। काफी स्पाइसी था। मैं पंजाबी हूं और घर में भी मां के हाथों के बने गट्टे खाए थे लेकिन बेसन गट्टा तो यहां भी लोकप्रिय है। तीखा। तीखे लंच के बाद हमने आराम किया। रात को इस शहर से प्रस्थान करना था।

शाम को पैक अप करने के बाद मैं चाय की आखिरी चुस्की लेने और बाहर की अंतिम झलक पाने के लिए घूमने निकल लिया। चाय पीने के बाद मैं गिरदी कोट घंटाघर के पास ही एक चूड़ी वाले के पास रुका। मैं एक दुकान पर रुका और कुछ खूबसूरत चूड़ियों के भाव पूछने लगा। दुकानदार बेहद मिलनसार था। अच्छे लोगों से मित्रता कायम करने में एक पल लगता है। यह राजस्थान की खासियत है। यहां की लोक संस्कृति में तन–मन की सुन्दरता है। आत्मीयता है। ईमानदारी भी है। शांति भी।

मैंने शहर के प्रति अपनी भावनाएं चूड़ी वाले दोस्त के सामने व्यक्त कीं। वह खुश हो गया था। उसने भी प्रेमपूर्वक कई बातें मुझसे कीं। हमारे बीच भावनाओं का लेन देन हो चुका था। मैंने उससे कुछ नहीं खरीदा, फिर भी उसने मुस्कुराते हुए कहा–फिर पधारना।

पधारो म्हारे देस। आपने कहीं तो सुना ही होगा।

जरूरी यह नहीं कि दोस्ती या प्रेम कितना पुराना या नया है, जरूरी यह है कि इसका परिणाम कैसे और कितना अच्छा हुआ है।

उस चूड़ीवाले से कुछ पलों की मुलाकात ने हम दोनों को ही एक सुखद अनुभव कराया। मैंने उससे मित्रता कर ली थी। हंसी–खुशी के छोटे पल भी बड़ा आनंद दे देते हैं। बाजार में यह प्रेम 'फ्री' में बंट रहा था। मैं सोचता हूं कि हम तरह–तरह की चीजें और प्रोडक्ट का बाजार लगाते हैं, काश कहीं कोई प्रेम और दोस्ती का बाजार भी लगता तो इसका 'रिटर्न' अच्छा ही मिलता। इंटरनेट पर फैला प्रेम और दोस्ती का संसार इससे अलग है। वाकई दुनिया को प्रेम और मित्रता की कितनी जरूरत है और दोनों का बेहद महत्व है। इस सफ़र के दौरान यह मैं व्यावहारिक रूप से समझ और अनुभव कर चुका था।

इस शहर को अलविदा कहने का वक्त करीब आ चुका था। पूर्व की तरह मन भावुक हो रहा था। न जाने कब फिर जोधपुर आना होगा।

हमें रात को करीब 11 बजे बस से सीकर रवाना होना था। टिकट बुक थी। दक्षिण–पूर्व, दक्षिण, पश्चिम राजस्थान के सफ़र के बाद हम उत्तर राजस्थान के सीकर शहर जा रहे थे। पांच दिन हम इस शहर में रहे लेकिन ऐसा लग रहा था मानो यहां पांच वर्षों से रह रहे हों।

जिंदगी एक सफ़र की तरह है। इसे हम मजेदार बना सकते हैं। बड़ा बना सकते हैं।

पांच दिन पहले तक मैं शहर में एक अजनबी था और इतने कम समय में इतनी घनिष्ठता कायम हो गई थी। शहर से और यहां की लोक संस्कृति से। ऐसा होता है। किसी सफ़र में जिन्दगी छोटी तो होती है लेकिन जब उस सफ़र में अच्छे दोस्त मिल जाएं, खुशी हो, जोश हो, लगाव हो, प्रेम और दोस्ती हो, आत्मीयता हो, रंग हो, तो जिन्दगी बहुत बड़ी हो जाती है और कोई अगर एक बार ऐसी जिन्दगी जी लेता है तो इसकी छाप, उसका असर बरसों तक रहता है। बस जरूरत है अच्छे दोस्तों को तलाशने की। प्रेम की, जोश की। खुशी की और सबसे महत्वपूर्ण एक पाजिटिव सोच की।

मैं जिन्दगी के बहुत बुरे वक्त से गुजर चुका हूं। मेरा जीवन मानो सिमटा हुआ था। मैंने अपने आपको इससे बाहर निकाला। इस सफ़र के दौरान तो मेरी

जिन्दगी काफी विशाल हो चुकी थी। मैं जिन्दगी के सफ़र को हमेशा खूबसूरत बनाए रखना चाहता था।

एक किताब का चर्चित कथन है– जब आप सच्चे मन से किसी चीज को पाने की कोशिश करते हैं तो सम्पूर्ण सृष्टि उसकी प्राप्ति में लग जाती है अथवा उसकी प्राप्ति के लिए षड्यंत्र रचती है। फिर कहूँगा कि जिन्दगी वैसी ही हो सकती है जैसी हम इसे जीना चाहते हैं।

जोधपुर का अनुभव भी यादगार और खूबसूरत रहा। शहर में अंतिम डिनर के बाद हम चल दिए। हल्की हवा के बीच बूंदाबांदी हो रही थी। सुहावना मौसम था। बाजार हमेशा की तरह रोशनी में नहाए हुए थे। जहां से बस रवाना होनी थी, हम वहां पहुंच गए। वहां अन्य कई मुसाफिर भी आने लगे थे। अचानक मालूम हुआ कि बस आने में देर है। बारिश भी तेज होने लगी थी।

कुछ देर में बस आई और मेरे कदम जोधपुर की जमीन को छोड़ चुके थे। बस रवाना हो गई। मन में सवाल उठने लगा कि न जाने कब इस शहर में लौटूंगा। अलविदा जोधपुर।

जोधपुर को मारवाड़ की शान कहा जाता है। इसकी स्थापना 1459 में राव जोधा ने की थी। जो राजपूतों के राठौड़ वंश के मुखिया थे। एक समय यह मारवाड़ राज्य की राजधानी था। अपनी गौरवशाली संस्कृति के लिए जोधपुर दुनियाभर में प्रसिद्ध है।

यह शहर, बाड़मेर, जैसलमेर, बीकानेर, नागौर, पाली, जालौर, जिलों के बीच है। राजस्थान को देश–दुनिया के बहुत से लोग सिर्फ रेगिस्तान के लिए जानते हैं। यह छवि शायद हिन्दी फिल्मों के कारण बनी है। लेकिन यह पूरा सच नहीं है। रेत और रेगिस्तान का अगर किसी शहर या जिले से सम्पूर्ण मेल है, तो वह है जैसलमेर।

जोधपुर के साथ और पाकिस्तान की सीमा से सटे जैसलमेर के बारे में एक विशेष बात यह है कि क्षेत्रफल में यह राज्य का सबसे बड़ा जिला है और जनसंख्या में सबसे छोटा।

राजस्थान में दूर–दूर तक बिखरे खूबसूरत रंगों में एक रंग जैसलमेर का भी है। यह तो वाकई मोह लेने वाला है। दुर्भाग्य से हम जोधपुर से वापस लौट गए। मुझे जैसलमेर के बारे में बताया गया था। मैं वहा जा नहीं सका लेकिन वहां के रूप रंग को महसूस जरूर करता हूं। ठेठ राजस्थानी रंग, परंपरा, लोक संस्कृति,

बोली, लोक नृत्य, संगीत आदि यहां आसानी से देखा जा सकता है और यहां के लोगों के अनुसार यह सब वहां आज के दौर में भी बरकरार है। यह खास है।

बदलाव प्रकृति का नियम है और मानव के व्यवहार में भी बदलाव आता है।

कम से कम राजस्थान में मैंने यह देखा और महसूस किया है कि लोग आसानी से अपनी जड़ों से दूर नहीं होना चाहते। हालांकि बदलाव भी जरूरी है। कहा जाता है कि बदलाव प्रकृति का नियम है। व्यक्ति का स्वभाव भी बदलता रहता है। लेकिन दोनों में एक बड़ा भेद यह है कि प्रकृति बदलाव के बावजूद अपनी जड़ों से अलग नहीं होती और मनुष्य अपनी जड़ों से कट जाता है।

पिछले कुछ वर्षों से हम देख रहे हैं कि पश्चिमी सभ्यता, संस्कृति और वहां की बोली, भाषा की घुसपैठ हमारे शहरों, महानगरों में तेजी से होती रही है और यहां से यह भारत के गांवों एवं दूर–दराज के हिस्सों तक फैल रही है लेकिन आधुनिक लाइफ स्टाइल की इतनी घुसपैठ होने के बावजूद राजस्थान प्रदेश के कई हिस्से इससे अछूते रहे हैं और पुरानी पहचान और परंपरागत छवि बनाए रखने में सफल रहे हैं।

जैसलमेर भी इनमें से एक है। मैं फिर कहूंगा कि मुझे राजस्थान में आधुनिकता और परंपरा का अनोखा सामंजस्य–तालमेल देखने को मिला है। राजस्थान को कभी भी एक नजरिये, चश्मे से देखना ठीक नहीं है।

जैसलमेर की भी दुनिया भर में एक खास पहचान है। रेत के टीलों पर किया जाने वाला लोक नृत्य तो सभी को लुभाता है। एक स्वर्णिम शहर है। यहां शीतकाल में होने वाले मरु उत्सव का भी आनन्द है। इस दौरान यहां के इतिहास और संस्कृति की कई खूबसूरत तस्वीर देखने का मौका मिलता है।

थार रेगिस्तान का लोक नृत्य हो या विशेष आयोजनों पर होने वाली प्रतियोगिताएं जैसे ऊंटों की दौड़, पंगड़ी बांधने की प्रतियोगिता आदि विशेष रूप से प्रसिद्ध हैं। पहाड़ और समुद्र के पीछे डूबते सूरज के दृश्य भारत में कई जगह देखे जा सकते हैं। लेकिन रेगिस्तान के पीछे डूबता सूरज और इसकी सुनहरी खूबसूरती सिर्फ जैसलमेर में ही देखने को मिलेगी। कहते हैं कि यह दृश्य बेहद ही खूबसूरत और मन को मोह लेने वाला होता है।

यहां स्थित सोनार किला जैसलमैर के गौरवशाली अतीत का प्रतीक है। त्रिकुटा पहाड़ी पर बना सुनहरी रंग का यह किला जैसलमेर शहर की शान है। 1156 में यादव वंश के एक उत्तराधिकारी और एक भाटी राजपूत, रावल जैसल ने त्रिकुट की पहाड़ी पर नई राजधानी बनाई थी। उन्होंने ही इस किले का निर्माण करवाया था। इससे आप अंदाजा लगा सकते हैं कि राजस्थान की संस्कृति और इसके गौरवशाली शाही अतीत की जड़ें कितनी प्राचीन हैं और आज भी मजबूत हैं।

जब आप किसी से सच्चा प्रेम कर लेते हैं तो उससे दूरी सहन नहीं होती। राजस्थान में कई दिन 'जी' लेने के बाद मुझे यहां की कई चीजों से प्रेम हो गया था। जोधपुर छोड़ते समय मुझे इससे दूरी सहन नहीं हो रही थी। मैं भावुक था। शायद इसलिए भी कि जिन्दगी के पहले और बेहद यादगार लंबे सफ़र ने मेरी जिन्दगी को एक घुमाव दिया था, बदल दिया था।

चुनौती को स्वीकार करने वाला और इसे पार करने वाला विनर होता है। यह एक बड़ा सबक मैंने इसी सफ़र से सीखा। जोधपुर तक के सफ़र में शायद ही कोई दिन आया हो, जब मुझे कोई बोरियत महसूस हुई हो।

सफ़र को मजेदार बनाने के लिए हर पल में आनन्द ढूंढना पड़ता है।

अगर जिन्दगी एक सफ़र है, तो हमे हर पल में आनन्द की तलाश करनी होगी तभी यह अच्छे से कटेगी। यह सब मैंने यहीं से सीखा और मन करता था कि यह सफ़र जारी रहे।

हम जोधपुर शहर को मीलों पीछे छोड़ चुके थे। चारों तरफ घुप्प अंधेरा। हाईवे पर बस तेजी से सीकर की ओर दौड़ रही थी। कुछ देर में मुझे नींद आ गई। हम हिलते–डुलते रहे। कभी जगते। कभी सो जाते। बस मंजिल की ओर बढ़ी जा रही थी।

शेखावाटी रंग के आनन्द

सुबह करीब साढ़े चार बजे मुझे मेरे साथी ने नींद से जगाया। हम सीकर शहर में प्रवेश कर चुके थे। शहर के कल्याण सर्किल पर बस रुकी। मैं नींद में ही बैग सहित उतर गया। मैं सीकर में था। आंखों को मलते हुए मैंने इधर–उधर देखना शुरू किया। थकान महसूस हो रही थी। भोर होने वाली थी। मुंह पर पानी की छींटें डालने के बाद मैं होश में आया। सामने एक हलवाई की दुकान दिखाई दी। वह चाय बना रहा था। होटल में जाने से पहले हमने चाय पीने का निर्णय लिया।

सुबह–सुबह ठंडी हवा चल रही थी। कल्याण सर्किल के आसपास रौनक थी। एक नये शहर में चाय की पहली चुस्की ली। मजा आ गया। राजस्थान के विभिन्न शहरों में मैंने चाय का कई बार आनन्द लिया। यहां लोग चाय अच्छी पीते हैं और अच्छी पिलाते भी हैं।

भोर होने ही वाली थी। थोड़ी देर में हमने होटल में एक कमरा बुक कर लिया। 2–3 घंटे की मस्त नींद लेने के बाद हम काम की तैयारी में जुट गए।

सीकर में मेरा पहला दिन था। एक नई जगह, नया शहर तन–मन में पूरा जोश। रात के सफ़र की थकान मेरे उत्साह के आगे नतमस्तक थी। सचमुच आपके अन्दर जब उत्साह हावी हो जाए तो वह आपको कभी रुकने और थकने नहीं देता।

सच में रूकना तो मैं चाहता ही नहीं था। एक लंबे अंतराल के बाद मैंने इस जोश, उत्साह को पुनः प्राप्त किया था। जीवन में आत्मविश्वास को पुनः जिंदा करने के लिए संजीवनी की जरूरत तो पड़ती ही है।

आपको क्रियाशील बनाए रखने में आपके अन्दर का जोश, उत्साह संजीवनी के समान होते हैं।

हाड़ौती, मेवाड़ और मारवाड़ के बाद अब राजस्थान के शेखावाटी रंग रूप के दर्शन हो रहे थे। सीकर और इसके पड़ोस में झुंझनूं और सीकर का ही हिस्सा लक्ष्मणगढ़ शेखावाटी इलाके हैं। शेखावाटी का अर्थ है शेखा वंशजों की भूमि। शुरूआत में ये जयपुर के हिस्से हुआ करते थे।

सुबह हमें एनएच–11 गोकुलपुरा स्थित एक कालेज जाना था। हमने कल्याण सर्किल से आटो किया। यहां आटो लगभग वैसे ही डिजाइन के थे जैसे भीलवाड़ा में।

आटो के आगे और पीछे भी बैठने की जगह थी। मैं जानबूझकर पीछे बैठ गया। आटो चला, जैसे कोई तांगा आगे चला जा रहा हो और पीछे बैठे नजारों का मजा लेते रहो। मैं भी शहर को निहारता रहा। मुझे अच्छा लग रहा था। ऐसे हवादार आटो में सवारी का एक अलग आनन्द है।

गर्मी की शुरूआत हो चुकी थी। लेकिन मुझे गर्मी महसूस नहीं हो रही थी। कौन कहता है कि राजस्थान में गर्मी बेहद पड़ती है। इससे ज्यादा तपिश मैंने दिल्ली शहर में महसूस की है।

सीकर जैसे छोटे शहर में भी राजस्थान के आधुनिक होने की झलक दिखाई दे रही थी। फैशन के मामले में यहां के युवा भी पीछे नहीं रहना चाहते।

हमारे आटो के पीछे–पीछे स्कूटी दौड़ रही थी जिस पर दो खूबसूरत लड़कियां सवार थीं। बिना हैलमेट के रंग–बिरंगी सुन्दर ड्रैस पहने लड़की मुस्कान बिखेरते हुए स्कूटी चला रही थी। उनकी स्कूटी ठीक आटो के पीछे दौड़ रही थी। मैं पीछे बैठा उनको देख रहा था। उनकी मुस्कान ऐसे बदल रही थी मानो उन्होंने पहचान लिया हो कि मैं यहां एक अजनबी हूं।

शहर–शहर घूमने के बाद मेरे भीतर एक बात तो स्पष्ट हो चुकी थी कि राजस्थान में भी खास कर युवा वर्ग पारंपरिक वेशभूषा में ही बंधे नहीं रहना चाहते, लेकिन गजब यह है कि तेजी से बदल रहे इस देश में ये लोग अपनी परंपरा और संस्कृति से प्रेम करते दिखाई देते हैं और इस पर गर्व करते हैं। इसका सम्मान करते हैं। यह खास है। गजब को–आर्डिनेशन है।

यह देख महसूस कर मुझे लगा कि भले ही हम कितने पश्चिमी हो जाएं, अंग्रेजी हो जाएं, हमारी मूल पहचान हमारी संस्कृति, परंपराओं और भाषा से ही होगी, अगर हम इस पहचान को खो देते हैं, नष्ट कर देते हैं तो एक संस्कृति का पतन हो जाता है।

वृक्ष तभी खड़ा है जब तक उसकी जड़ें मजबूत हैं। राजस्थान मुझे इसलिए भी भा रहा था कि इसकी एक विशेष पहचान है, यहां की संस्कृति की, लोगों की, यहां की जीवनशैली की।

आप किसी भी बड़े महानगर में झांक कर देखिए, आपको वहां लाखों मुखौटे नजर आएंगे, असली चेहरे कम। शहर की जिंदगी जीना तो बहुत से लोग चाहते हैं मगर कितने लोग इसे जी पाते हैं?

शाम को सूरज डूबने को था। मंद हवा चल रही थी। यहां दिन में तपिश के बावजूद सुबह शाम मौसम मस्त रहता है। सीकर के आसपास कई रेतीले इलाके हैं। मेरा मन बाहर घूमने को हुआ। मैं नजदीक ही कल्याण सर्किल के पास सीकर रेलवे स्टेशन पहुंचा। स्टेशन प्रकाशमय था। स्टेशन के भीतर घुसते ही मेरी नजर दीवारों पर बनी कलाकृतियों–चित्रों पर गई। इन्हें मैं देखता ही रह गया। इन कलाकृतियों में यहां की प्राचीन संस्कृति और राजशाही की झलक थी। दीवार पर बना ऊंट का चित्र बेहद खूबसूरत दिख रहा था।

मैंने इससे पहले भी यहां और अन्य जगहों पर भी दीवारों पर चित्रों को देखा था। मेरा जिज्ञासु मन अब कुछ जानना चाह रहा था। कुरेदने पर मालूम हुआ कि दीवारों पर बने ऐसे चित्र तो यहां की एक खास पहचान हैं। इस नगर तथा आसपास स्थित किले मंदिरों में और हवेलियों की दीवारों पर कई आकर्षक व प्रशंसनीय कलाकृतियां हैं।

दीवारों पर सुन्दर भित्ति चित्रों से युक्त हवेलियों का निर्माण यहां के धनी व्यापारियों ने करवाया था। इन कलाकृतियों में पशुओं, लोक आख्यानों तथा दैनिक जीवन तक की झलक दिखती है। इस समृद्ध कलात्मक संस्कृति वाले प्रदेश सीकर में अपनी मौजूदगी पर अब मुझे गर्व हो रहा था।

आलसी जीवन आपके ज्ञान और अनुभव को सीमित कर देता है।

ईश्वर की कृपा से मैंने इस सफ़र में आलस को त्याग रखा था। अगर मैं आलस कर अपने आप को चारदीवारी में बांधे रखता तो क्या मैं कभी भी दीवारों पर बनी खूबसूरत कलाकृतियों को नजदीक से देखने, छूने के खूबसूरत

अनुभव को प्राप्त कर पाता? आलस कभी–कभी ऐसे खूबसूरत अनुभवों से वंचित कर सकता है।

सफ़र की बौरियत से बचने के लिए इसमें आनन्द ढूंढना जरूरी है। हमें जिन्दगी के सफ़र में भी ऐसा ही करने की हमेशा कोशिश करनी चाहिए।

सीकर शहर में ज्यादा वक्त नहीं गुजारना था। मैं जो कुछ भी देख पाया बस काम करते हुए। शहर में घूमने का मौका नहीं मिला, बावजूद इसके कि यह एक छोटा शहर है।

दिल्ली से करीब 265 किलोमीटर दूर राजस्थान के उत्तर–पूर्व में स्थित है। उसके आसपास झुंझनूं और चूरू जिले हैं। झुंझनूं शेखावाटी क्षेत्र का एक बड़ा नगर है। कभी यह नगर कायमखानी नवाबों के कब्जे में था। उन्होंने ही इस नगर को स्थापित किया था। इसके बाद 1730 में राजपूत शासक सरदार सिंह ने इसे अपने कब्जे में ले लिया था। कहते हैं कि यहां पर भी सीकर की तरह कई सुन्दर स्मारक और चित्रित हवेलियां हैं।

अभी तक मैं पत्थरों के शहरों, पहाड़ी इलाकों में घूमा। यहां सीकर में मुझे रेत के दर्शन हुए। भले ही थोड़ी मात्रा में। एक कालेज से वापसी के दौरान मैंने थोड़ी सी रेत को देखा। रेत देख मुझे अच्छा लगा। इस छोटी सी झलक ने मेरे अन्दर रेतीले मैदानों को देखने की उत्सुकता पैदा कर दी थी।

राजस्थान के रेतीले रंग के दर्शन होने बाकी थे। हालांकि पूर्णतया रेतीला इलाका जैसलमेर है लेकिन यहां से बीकानेर, चुरू, फतेहपुर, रतनगढ़ इलाके नजदीक हैं जहां पर रेत पाई जाती है।

वैसे कई लोगों के दिमाग में सबसे पहले राजस्थान की छवि ऊंट और रेत के रूप में ही ज्यादा बनती है, लेकिन यह सिर्फ राजस्थान के विभिन्न खूबसूरत रूपों में एक सुन्दर रूप है।

राजस्थान पर कुछ और विशेष शब्द लिखे गए हैं:–

गोरे धोरा री धरती रो

पिचरंग पहाड़ा री धरती रो

पीथल पायल री धरती रो

मीरा करमा री धरती रो

कितरों, कितरों म्हे करां रै बखाण

कण–कण में गूंजे, जय–जय राजस्थान

धर कूंचा भई धर मझला

धर कूंचा भई धर मझला।

एक स्पेनी कहावत है – रात का सबसे अंधेरा पहर भोर होने से ठीक पहले आता है।

सचमुच इस सफ़र से पहले मैं जिन्दगी के कठिन दौर से गुजर चुका था। महत्वाकांक्षा के आईने में झलकता अनिश्चित, अस्थिर करियर, तनाव, बीमारी, आर्थिक संकट, एक महत्वाकांक्षी युवक के लिए सचमुच एक कठिन वक्त था।

बीमारी के दौरान तो हालात और खराब हो गए थे। सपनों को लकवा मार गया था। महत्वाकांक्षाएं निराशा के सागर में डूबती जा रही थी। चेहरे का रंग उड़ना स्वाभाविक था। शायद यह मेरे लिए रात का सबसे अंधेरा पहर था। मेरे जीवन में भोर के बाद एक खूबसूरत सुबह का आगमन होने वाला था।

मेरे एक अनुभवी एवं सज्जन मित्र श्री परम प्रकाश खरे जी की दी गई कुछ किताबों के अध्ययन ने मेरे दिमाग को स्थिर किया और ठीक इसके बाद इस सफ़र ने मेरी जिन्दगी को एक जबरदस्त घुमाव दिया। इस विशाल सफ़र के बाद मेरी जिन्दगी भी विशाल हो गई।

मुझ पर विपरीत परिस्थितियां इतनी हावी हो चुकी थी कि मैं कुछ अच्छा सोच ही नहीं पाता था। मुझे विश्वास ही नहीं हो रहा था कि कुछ समय पहले तक एक किलोमीटर तक पैदल चलने में थकान महसूस करने वाला शख्स कैसे मीलों लंबी यात्रा कर रहा है। लेकिन यह सचमुच हो रहा था, यही सच था। एक चमत्कारिक सच।

कोटा से सीकर तक के अब तक के सफ़र के दौरान मैं कई सुन्दर अनुभवों को प्राप्त कर चुका था। सीकर के शेखावाटी रंग की छोटी सी झलक भी मुझे प्रभावित कर रही थी।

कला अपने जन्म के साथ ही अमर हो जाती है। सीकर में यहां की कलात्मक संस्कृति की कई प्रशंसनीय कलाकृतियां हैं जो आकर्षित करती हैं।

इन कलाकृतियों में रंग है। भिन्न–भिन्न रंग और रंगों की दुनिया किसे अच्छी नहीं लगती। ये अमर हैं।

सीकर में अंतिम दिन हमने कुछ समय लक्ष्मणगढ़ में गुजारा। वहां एक कालेज में काम करने के बाद दोपहर बाद तक हम वापस सीकर लौट आए। सीकर में आखिरी लंच करने के लिए हम कल्याण सर्किल एक होटल पहुंचे। मैंने बेसन गट्टा आर्डर किया। राजस्थान में कहीं भी खाना खाओ, आप तेज मसाले मिर्च और तेल से बच नहीं सकते। तेल मसाले से भरपूर बेसन गट्टे को देखकर भूख बढ़ रही थी। मैंने पूरे आनन्द से लंच किया। एक पंजाबी की तरह उंगलियां चाट कर भोजन को पूरा सम्मान दिया।

सीकर में हमारी अंतिम शाम थी। आसमान साफ था। एकदम मस्त कर देने वाली ठंडी हवा चल रही थी। मुझे बताया गया कि रेतीले इलाके के पास रहने वालों की शाम ऐसी सूकून भरी होती हैं। हवा का स्पर्श तो प्रेमिका द्वारा गालों को चूमने से भी ज्यादा मदहोश करने वाला प्रतीत होता था।

हमें अब बीकानेर जाना था, मैंने तो लगभग तैयारी कर ली थी। मैं चाय मिस नहीं करना चाहता था। शहर में आखिरी चाय। चाय पी और कुछ स्थानीय लोगों के साथ गप्पेबाजी। गप्पेबाजी कहना ठीक नहीं होगा। मैंने उन लोगों से बातचीत की जिनसे मैंने कुछ ही क्षणों में मित्रता कर ली थी।

आपका दोस्ताना व्यवहार आपको अधिक समय तक अजनबी नहीं रहने देता।

कुछ साल पहले तक मैं भोला सा दिखने वाला एक रिजर्व इंसान था लेकिन धीरे–धीरे मेरे इस स्वभाव में परिवर्तन आता गया। डाक्टर सुनीता और डाक्टर राहुल की मदद से बीमारी से उबरने के बाद खरे जी की दी हुई किताबों ने मुझे बदलने में काफी मदद की। और फिर इस सफ़र के दौरान तो मैं एक चेंजड मैन था।

मेरे होठों पर मुस्कान अब रोज की बात थी। मैं यहां सफ़र के दौरान लोगों से बातचीत करता, उनकी भाषा, संस्कृति से मेल करता। मुझे अब इसमें आनन्द आ रहा था। मैंने सभी से दोस्ती कर ली थी। मेरे बदले दोस्ताना व्यवहार के

कारण ही मैं इस शहर में अजनबी तो कतई नहीं था। आप हमेशा एक जैसे, एक स्थिति में, एक विचार में बंधे नहीं रह सकते। समय अनुसार इसमें बदलाव आता है या हमें बदलाव लाना पड़ता है।

बदलाव के साथ जीना एक कला है।

मैंने तो यही किया, तभी तो मैं इन यादगार दिनों का भरपूर आनंद ले रहा था। और जितनी जल्दी हो बदलाव के साथ जीने की कला सीख लेनी चाहिए। परिस्थितियों के अनुसार जीना एक कला है और इसे हासिल करने के बाद आनन्द तो मिलता ही है बल्कि यह हुनर कामयाबी के रास्ते पर भी ले जा सकता है। गावों की तुलना में शहरों में बदलाव का असर ज्यादा है और यहां रहने वाले करोड़ों लोग इसका सामना कर रहे हैं। खास कर युवा इसकी चपेट में हैं।

सुबह–सुबह ही हम सीकर बस स्टैंड पहुंच गए। टिकट ली और बीकानेर जाने वाली बस में सवार हो गए। कुछ मिनटों के इंतजार के बाद बस बीकानेर के लिए रवाना हुई। 30–35 मिनट बाद बस हाईवे पर तेजी से दौड़ रही थी।

लक्ष्मणगढ़, सीकर से 55 किलोमीटर दूर फतेहपुर होते हुए हम रतनगढ़ पहुंच गए। नाम से ही यह राजस्थान का हिस्सा लगता है। रतनगढ़ चुरू जिले में आता है। चुरू राजस्थान का ऐसा प्रदेश है जहां गर्मियों में तापमान सबसे अधिक और सर्दियों में तापमान सबसे कम रहता है। कहने का मतलब है कि यहां पर ठंड और गर्मी दोनों ही जबरदस्त होती है।

फतेहपुर से रतनगढ़ तक मैंने रेत देखी। क्या रेत भी खूबसूरत दिख सकती है। जी हां, मैंने रेत के सौंदर्य की कई झलक देखी। वाकई रेत सोणी दिखती है। अब कहीं जाकर मुझे राजस्थान की वो तस्वीर देखने को मिल रही थी जो ज्यादातर टीवी, फिल्मों में दिखाई जाती रही है। रेत की छोटी सुन्दर झलक ने मेरे अन्दर रेत के विशाल रूप को देखने की उत्सुकता पैदा कर दी थी।

सड़क के दोनों ओर रेत के कई छोटे–छोटे टीले खूबसूरत दिख रहे थे। हालांकि इन टीलों को छोटी–छोटी गुच्छानुमा घास और पेड़ों ने घेरा हुआ था। अगर ये साथ न हो तो यह रेगिस्तान नजर आता।

मैं राजस्थान के रेतीले रूप का मजा ले रहा था। मैं दौड़ती बस में से रेत को दूर तक निहारता। कई जगह तो रेत बड़े ही आकर्षक, सुन्दर चूड़ीदार चादर सी बिखरी पड़ी थी। वाकई ऐसी रेत को इससे पहले मैंने सिर्फ टीवी, फिल्मों में ही देखा था। फिल्म गुलामी, बंटबारा, बार्डर आदि कई फिल्मों के कुछ दृश्य मेरे दिमाग में घूम रहे थे। मुट्ठी में से सरकती रेत की तरह वक्त भी बीतता जा रहा था। हम मंजिल की ओर जा रहे थे।

हम तेजी से बीकानेर की ओर जा रहे थे। खूबसूरत हाईवे पर यात्रा के आनन्द मैं खूब ले रहा था। बीकानेर हमारा अंतिम पड़ाव था। बीकानेर राजस्थान के पश्चिम में स्थित है। बीकानेर, जैसलमेर और श्रीगंगानगर पाकिस्तान की सीमा से लगते हैं।

करीब 5 घंटे के सफ़र के बाद हम बीकानेर की सीमा में प्रवेश करने वाले थे। बीकानेर पहुंचने का मतलब मैं रेतीले प्रदेशों के बेहद करीब पहुंच गया था। शायद यही कारण था कि मुझे यहां ऊंट दिखाई दे रहे थे।

मैं यहां पहुंच कर भी उत्साहित था। भले ही मेरी यात्रा समाप्ति की ओर थी। इतने लंबे सफ़र के बाद भी मैं थका नहीं था। राजस्थान में 25 दिन गुजर चुके थे। इस करीब एक माह में मैं यहां के न जाने कितने रंग–बिरंगे अनुभवों से गुजरा था।

राजस्थान की यह यात्रा मेरे जीवन की अचानक हुई घटना थी। एक खूबसूरत घटना। इस यादगार घटना में बीकानेर एक अंतिम अध्याय के रूप में जुड़ रहा था। इस शहर के बाद हमें वापस लौटना था। जब सफ़र में मजा आ रहा हो तो उसके समाप्त होने का अहसास एक पल के लिए तो भावुक कर देता है और इस बाबत सोचना अच्छा नहीं लगता।

बीकानेर–एक नमकीन अनुभव

हम बीकानेर पहुंच चुके थे। हमने आटो किया और स्टेशन रोड पहुंचे। यहां एक होटल में कमरा लिया और थोड़ी देर आराम करने के उद्देश्य से नींद ली।

यह एक एवरग्रीन जर्नी थी। इस लंबी यात्रा के बाद ही मैंने जाना कि जिंदगी भी एक सफ़र ही है जिसे सदाबहार बनाना हमारे ऊपर निर्भर है और बड़ी आसानी से जिन्दगी को सदाबहार बनाया जा सकता है।

अच्छी जिन्दगी जीने के कई मौके हमें मिलते रहते हैं।

मुझे जहां तक याद है, मैं इस पूरे सफ़र में घुमक्कड़ रहा। दुनिया के दर्शन चारदीवारी के भीतर रह कर नहीं हो सकते हैं। मैंने याद किया कि गुजरात में जन्मे मोहनदास करमचन्द गांधी को घूम–घूम कर ही हिन्दुस्तान की असली तस्वीर का पता चला था। बस असली दर्शन करने के लिए मुझे भी घूमना जरूरी था। जिंदगी में जीने के कई मौके हमें मिलते हैं बस अधिक से अधिक इन अवसरों को अपने कब्जे में लेना होता है।

मैंने कदम बाजार की ओर बढ़ा दिए। रेलवे स्टेशन के पास से गुजरता हुआ मैं आगे एक भीड़भाड़ वाले इलाके में पहुंचा। चारों तरफ नमकीन की दुकानें नजर आ रही थीं। मैं इधर–उधर, यहां–वहां गलियों में टहलता रहा। जमकर इस नमकीन बाजार के दर्शन किए।

इस भीड़भाड़ और ट्रैफिक में घूमना जरा भी अजीब नहीं लग रहा था। मैं दिल्ली वाला हूं। पुरानी दिल्ली की भीड़भाड़ कई बार देखी है। वैसे भी वो शहर ही क्या जहां भीड़ न हो। इन लोगों ने ही तो शहर को 'जिन्दगी' दी है।

मुझे जहां भी जगह दिखती आगे बढ़ता जाता। बाजार के आसपास बीकानेर के इन दुर्लभ नजारों का मैं खूब आनन्द ले रहा था। यहां पहुंचकर मैं बिना खाए पीये कैसे लौट सकता था।

सबसे पहले मैंने एक दुकान से कुछ नमकीन अच्छी मात्रा में खरीदी। इसके बाद एक दुकान पर पहुंचा, जहां खाने की कई चीजें थीं। मेरी नजर कचौड़ी जैसी चीज पर गई। उस पर एक छेद था और ऊपर से चांदी का वर्क चढ़ा हुआ था। पूछने पर मालूम हुआ कि यह 'मावा कचौड़ी' है। मैंने आर्डर कर दी।

मुंह में डालते ही मन से आवाज आई वाह रे हिन्दुस्तान, वाह रे राजस्थान। सचमुच इस देश में खान–पान न जाने कितने रूपों में मिलता है। नमकीन कचौड़ियां मैंने खाई थीं। प्याज वाली कचौड़ी राजस्थान में ही खाई। अब मीठी रस भरी मावा कचौड़ी लाइफ में पहली बार खाई थी। मैं फिर लाइफ के एक नये मीठे स्वादिष्ट अनुभव से गुजर रहा था। किसी सफ़र की यही तो खास बात होती है।

जब तक मन वापस लौटने को हुआ, बाजार बेहद रंगीन हो चुका था। मैं गलियों से गुजरता हुआ वापस होटल पहुंच गया।

अगले दिन हम पुगल रोड इंडस्ट्रियल एरिया स्थित बीकानेर इंजीनियरिंग कालेज पहुंचे। हमने दोपहर तक काम खत्म कर लिया था। धूप खिली हुई थी। कालेज के आसपास काफी जगह व मैदान था। कुछ–कुछ जगह पर छोटे रेत के टीले दिखाई दे रहे थे। मैंने वहां जाने का फैसला लिया। थोड़ी देर में मैं उस रेत पर खड़ा था। मुझे मजा आ रहा था।

खूबसूरत रेत को मैंने अपनी हथेली पर रखा। हल्की, भूरी, सुनहरी, लाल, काले कणों वाली रेत को हाथों में भरने का पहली बार अनुभव किया। राजस्थान के रेतीले रूप की इस बेहद छोटी सी झलक देखकर मैं मन ही मन खुश हो रहा था। मन हुआ कि थोड़ी रेत थैले में भरकर शहर ले जाऊं। रेत भले ही गर्म थी, लेकिन कितनी सुन्दर बिखरी पड़ी थी।

राजस्थान में रेत का यौवन मीलों तक फैला हुआ है और उसके असल प्रेमी ऊंट हैं। हमें इन दोनों को अलग करने का अपराध नहीं करना चाहिए। बिन पानी मछली जैसी, बिना रेत के ऊंट वैसा।

इस शहर में ही मैं बड़ी संख्या में ऊंटों को देख पाया। लेकिन रेत पर चलते हुए नहीं सड़क पर गाड़ी खींचते हुए। इस शहर की सड़कों पर मैंने कई बार ऊंटों को देखा। हालांकि रेत के प्रेमियों को कंक्रीट सड़कों पर गाड़ी

खींचते हुए देखना मुझे दुःखद लग रहा था। इसके बावजूद ऊंटों के चेहरों पर रौनक थी। सुन्दर प्यारे ऊंट।

अपनी स्वाभाविक चाल में चलते हुए कितना खूबसूरत दिखता है यह जानवर। भोली सी सूरत वाला यह विशाल जानवर रेत पर चलता हुआ वाकई और खूबसूरत दिखता होगा। यह राजस्थान का ही नहीं समूचे देश का गौरव है।

जैसे हाथी पर सवारी के लिए हाथी होद होते थे वैसे ही ऊंट की पीठ पर जो चीजें रखी जाती हैं उसे यहां 'पिलान' कहते हैं। भाग्य से इसे मैंने करीब से छूकर देखा।

बीकानेर में ऊंट बड़ी संख्या में पाए जाते हैं। जिसके लिए यह देशभर में प्रसिद्ध भी है। ऊंट पर सवारी करने का रोमांचकारी अनुभव इस शहर में आसानी से मिल सकता है।

शहर में काम करने करने का अंतिम दिन था। काम खत्म करने के बाद दोपहर तक हम जूनागढ़ के पास से गुजरते हुए वापस लौटे। जूनागढ़ एक किला है जिसका निर्माण राजा राय सिंह ने 1593 में करवाया था। यह मजबूत किला एक खाई से घिरा हुआ है।

शाम तक मुझे इस शहर को अलविदा कहना था। मैं भावुक भी था। एक सफ़र किसी को इतना कुछ दे सकता है। इस सफ़र ने मुझे कई यादगार एवं महत्वपूर्ण अनुभव दिए।

आखिर वो पल आए जब दिल्ली वापस जाने के लिए रेलगाड़ी पर सवार हुए और इसी के साथ ही मेरे कदमों ने राजस्थान की धरती को छोड़ दिया था लेकिन हमेशा के लिए नही क्योंकि मैं यहां से कई यादों, कई खूबसूरत अनुभवों को समेट अपने साथ ले जा रहा था।

दिल्ली शहर के अलावा मैंने किसी अन्य राज्य में इतना लंबा समय अभी तक नहीं गुजारा था। कोटा से लेकर भीलवाड़ा, चित्तौड़गढ़, उदयपुर, जोधपुर, सीकर, बीकानेर तक का सफ़र कभी भुलाया नहीं जा सकेगा। यह एक सदाबहार सफ़र रहा।

मैं यूं कहूंगा कि मैं यहां एक व्यापारी की तरह आया लेकिन एक पर्यटक की तरह यहां के नजारों को देखा और इससे बढ़कर एक घुमक्कड़ की तरह

राजस्थान के हर छोटे बड़े रंग, रूप रस का आनन्द लिया और एक छात्र की तरह सीखा भी।

जिंदगी के रास्तों में भी तो बहुत कुछ सीखने का मौका मिलता है।

राजस्थान की सामाजिक व्यवस्था अच्छी है और यहां के लोग भी काफी अच्छे हैं। मैं राजस्थान के किसी भी कोने में गया वहां शायद ही कोई ऐसा शख्स मिला हो जिससे मुझे कोई परेशानी हुई हो। इस प्रदेश को और खूबसूरत एवं समृद्ध बनाने की जिम्मेदारी युवा पीढ़ी पर है और इसकी पूरी उम्मीद है कि वे इसे अच्छे से निभाने में कामयाब होंगे।

कहा जाता है कि युवा ही किसी देश की सबसे बड़ी ताकत होते हैं मगर तब, जब उन्हें सही दिशा मिल जाये। जिंदगी के रास्तों पर भी बहुत कुछ सीखने के कई अवसर मिलते ही रहते हैं। सचमुच इस सफ़र के बाद भरपूर जीने की ललक बढ़ गई थी। जोश दोगुना हो गया था। वास्तव में यह एक यादगार एवं सदाबहार यात्रा थी।

जिंदगी के इस सदाबहार सफ़र को खूबसूरत बनाने के लिए राजस्थान के सभी लोगों को धन्यवाद। नमस्कार।

भूपेन्द्र कुमार 'भूपी'

Mob - 9911584632, 9871504554

e-mail - bkumar.send@gmail.com

www.facebook.com/BhupenderKumarBhupi

www.ingramcontent.com/pod-product-compliance
Ingram Content Group UK Ltd.
Pitfield, Milton Keynes, MK11 3LW, UK
UKHW041046300726
14061UKWH00008BA/93

9 798894 981406